杭州优秀传统文化丛书
Hangzhou Youxiu Chuantong Wenhua Congshu

小楼一夜听春雨

郑绩——著

杭州出版社

图书在版编目（CIP）数据

小楼一夜听春雨/郑绩著. -- 杭州：杭州出版社，2022.8
（杭州优秀传统文化丛书）
ISBN 978-7-5565-1858-6

Ⅰ.①小… Ⅱ.①郑… Ⅲ.①文化史—杭州 Ⅳ.①K295.51

中国版本图书馆CIP数据核字（2022）第135276号

Xiaolou Yi Ye Ting Chunyu
小楼一夜听春雨
郑 绩 著

责任编辑	杨 凡
装帧设计	章雨洁
美术编辑	祁睿一
责任校对	陈铭杰
责任印务	姚 霖
出版发行	杭州出版社（杭州市西湖文化广场32号6楼）
	电话：0571-87997719 邮编：310014
	网址：www.hzcbs.com
排　　版	浙江时代出版服务有限公司
印　　刷	天津画中画印刷有限公司
经　　销	新华书店
开　　本	710 mm × 1000 mm 1/16
印　　张	11.25
字　　数	138千
版 印 次	2022年8月第1版 2022年8月第1次印刷
书　　号	ISBN 978-7-5565-1858-6
定　　价	55.00元

（版权所有　侵权必究）

序言

文化是城市最高和最终的价值

我们所居住的城市，不仅是人类文明的成果，也是人们日常生活的家园。各个时期的文化遗产像一部部史书，记录着城市的沧桑岁月。唯有保留下这些具有特殊意义的文化遗产，才能使我们今后的文化创造具有不间断的基础支撑，也才能使我们今天和未来的生活更美好。

对于中华文明的认知，我们还处在一个不断提升认识的过程中。

过去，人们把中华文化理解成"黄河文化""黄土地文化"。随着考古新发现和学界对中华文明起源研究的深入，人们发现，除了黄河文化之外，长江文化也是中华文化的重要源头。杭州是中国七大古都之一，也是七大古都中最南方的历史文化名城。杭州历时四年，出版一套"杭州优秀传统文化丛书"，挖掘和传播位于长江流域、中国最南方的古都文化经典，这是弘扬中华优秀传统文化的善举。通过图书这一载体，人们能够静静地品味古代流传下来的丰富文化，完善自己对山水、遗迹、书画、辞章、工艺、风俗、名人等文化类型的认知。读过相关的书后，再走进博物馆或观赏文化景观，看到的历史遗存，将是另一番面貌。

过去一直有人在质疑，中国只有三千年文明，何谈五千年文明史？事实上，我们的考古学家和历史学者一直在努力，不断发掘的有如满天星斗般的考古成果，实证了五千年文明。从东北的辽河流域到黄河、长江流域，特别是杭州良渚古城遗址以距今5300—4300年的历史，以夯土高台、合围城墙以及规模宏大的水利工程等史前遗迹的发现，系统实证了古国的概念和文明的诞生，使世人确信：这里是古代国家的起源，是重要的文明发祥地。我以前从来不发微博，发的第一篇微博，就是关于良渚古城遗址的内容，喜获很高的关注度。

我一直关注各地对文化遗产的保护情况。第一次去良渚遗址时，当时正在开展考古遗址保护规划的制订，遇到的最大难题是遗址区域内有很多乡镇企业和临时建筑，环境保护问题十分突出。后来再去良渚遗址，让我感到一次次震撼：那些"压"在遗址上面的单位和建筑物相继被迁移和清理，良渚遗址成为一座国家级考古遗址公园，成为让参观者流连忘返的地方，把深埋在地下的考古遗址用生动形象的"语言"展示出来，成为让普通观众能够看懂、让青少年学生也能喜欢上的中华文明圣地。当年杭州提出西湖申报世界文化遗产时，我认为这是一项需要付出极大努力才能完成的任务。西湖位于蓬勃发展的大城市核心区域，西湖的特色是"三面云山一面城"，三面云山内不能出现任何侵害西湖文化景观的新建筑，做得到吗？十年申遗路，杭州市付出了极大的努力，今天无论是漫步苏堤、白堤，还是荡舟西湖里，都看不到任何一座不和谐的建筑，杭州做到了，西湖成功了。伴随着西湖申报世界文化遗产，杭州城市发展也坚定不移地从"西湖时代"迈向了"钱塘江时代"，气势磅礴地建起了杭州新城。

从文化景观到历史街区，从文物古迹到地方民居，众多文化遗产都是形成一座城市记忆的历史物证，也是一座城市文化价值的体现。杭州为了把地方传统文化这个大概念，变成一个社会民众易于掌握的清晰认识，将这套丛书概括为城史文化、山水文化、遗迹文化、辞章文化、艺术文化、工艺文化、风俗文化、起居文化、名人文化和思想文化十个系列。尽管这种概括还有可以探讨的地方，但也可以看作是一种务实之举，使市民百姓对地域文化的理解，有一个清晰完整、好读好记的载体。

传统文化和文化传统不是一个概念。传统文化背后蕴含的那些精神价值，才是文化传统。文化传统需要经过学者的研究提炼，将具有传承意义的传统文化提炼成文化传统。杭州与丛书作者在创作方面作了种种古为今用、古今观照的探讨交流，还专门增加了"思想文化系列"，从杭州古代的商业理念、中医思想、教育观念、科技精神等方面，集中挖掘提炼产生于杭州古城历史中灵魂性的文化精粹。这样的安排，是对传统文化内容把握和传播方式的理性思考。

继承传统文化，有一个继承什么和怎样继承的问题。传统文化是百年乃至千年以前的历史遗存，这些遗存的价值，有的已经被现代社会抛弃，也有的需要在新的历史条件下适当转化，唯有把传统文化中这些永恒的基本价值继承下来，才能构成当代社会的文化基石和精神营养。这套丛书定位在"优秀传统文化"上，显然是注意到了这个问题的重要性。在尊重作者写作风格、梳理和讲好"杭州故事"的同时,通过系列专家组、文艺评论组、综合评审组和编辑部、编委会多层面研读,和作者虚心交流,努力去粗取精,古为今用,这种对文化建设工作的敬畏和温情,值得推崇。

人民群众才是传统文化的真正主人。百年以来,中华传统文化受到过几次大的冲击。弘扬优秀传统文化,需要文化人士投身其中,但唯有让大众乐于接受传统文化,文化人士的所有努力才有最终价值。有人说我爱讲"段子",其实我是在讲故事,希望用生动的语言争取听众。今天我们更重要的使命,是把历史文化前世今生的故事讲给大家听,告诉人们古代文化与现实生活的关系。这套丛书为了达到"轻阅读、易传播"的效果,一改以文史专家为主作为写作团队的习惯做法,邀请省内外作家担任主创团队,组织文史专家、文艺评论家协助把关建言,用历史故事带出传统文化,以细腻的对话和情节蕴含文化传统,辅以音视频等其他传播方式,不失为让传统文化走进千家万户的有益尝试。

中华文化是建立于不同区域文化特质基础之上的。作为中国的文化古都,杭州文化传统中有很多中华文化的典型特征,例如,中国人的自然观主张"天人合一",相信"人与天地万物为一体"。在古代杭州老百姓的认知里,由于生活在自然天成的山水美景中,由于风调雨顺带来了富庶江南,勤于劳作又使杭州人得以"有闲",人们较早对自然生态有了独特的敬畏和珍爱的态度。他们爱惜自然之力,善于农作物轮作,注意让生产资料休养生息;珍惜生态之力,精于探索自然天成的生活方式,在烹饪、茶饮、中医、养生等方面做到了天人相通;怜惜劳作之力，长于边劳动，边休闲娱乐和进行民俗、艺术创作，做到生产和生活的和谐统一。如果说"天人合一"是古代思想家们的哲学信仰，那么"亲近山水，讲求品赏"，应该是古代杭州人的生动实践，并成为影响后世的生活理念。

再如，中华文化的另一个特点是不远征、不排外，这体现了它的包容性。儒学对佛学的包容态度也说明了这一点，对来自远方的思想能够宽容接纳。在我们国家的东西南北甚至是偏远地区，老百姓的好客和包容也司空见惯，对异风异俗有一种欣赏的态度。杭州自古以来气候温润、山水秀美的自然条件，以及交通便利、商贾云集的经济优势，使其成为一个人口流动频繁的城市。历史上经历的"永嘉之乱，衣冠南渡"，"安史之乱，流民南移"，特别是"靖康之变，宋廷南迁"，这三次北方人口大迁移，使杭州人对外来文化的包容度较高。自古以来，吴越文化、南宋文化和北方移民文化的浸润，特别是唐宋以后各地商人、各大商帮在杭州的聚集和活动，给杭州商业文化的发展提供了丰富营养，使杭州人既留恋杭州的好山好水，又能用一种相对超脱的眼光，关注和包容家乡之外的社会万象。这种古都文化，也代表了中华文化的包容性特征。

城市文化保护与城市对外开放并不矛盾，反而相辅相成。古今中外的城市，凡是能够吸引人们关注的，都得益于与其他文化的碰撞和交流。现代城市要在对外交往的发展中，进行长期和持久的文化再造，并在再造中创造新的文化。杭州这套丛书，在尽数杭州各色传统文化经典时，有心安排了"古代杭州与国内城市的交往""古代杭州和国外城市的交往"两个选题，一个自古开放的城市形象，就在其中。

"杭州优秀传统文化丛书"团队在传统和现代的结合上，想了很多办法，做了很多努力。传统文化丛书要得到广大读者接受，不是件简单的事。我们已经走在现代化的路上，传统和现代的融合，不容易做好，需要扎扎实实地做，也需要非凡的创造力。因为，文化是城市功能的最高价值，也是城市功能的最终价值。从"功能城市"走向"文化城市"，就是这种质的飞跃的核心理念与终极目标。

2020 年 9 月

（单霁翔，中国文物学会会长）

湖山佳趣图（局部）

目 录

001	引　言
003	祠堂巷中忠肃公
012	兴族大宅积善坊
019	吴宅载德过万历
023	端生樵舍弄格窗
031	乾隆武魁慎友堂
037	弘历三游玛瑙寺
045	太平天国听王府
055	清吟巷里老宰相
063	马坡巷中病梅花
072	一代儒宗出老街
080	康有为大闹水竹居
086	孩儿巷里杏花久
092	宋代榴园丁家园
101	司徒雷登耶稣弄
109	孤云一片小方壶
116	弱国外交见省庐

124	坚瓠留余傻公子
133	燕南寄庐满风霜
140	慈惠别墅无慈惠
149	摹烟别墅真票友
163	参考文献

引 言

杭州城有着特殊的气质,千年荣光,一路繁华,引来无数俊彦在此居停。吴山长风,拂过重重屋檐,里面既有小人物的家常,也有大人物的风云。至今,我们还能在杭州城内找到宋墙、元柱、明瓦、清窗,读出一代又一代杭州的故事。

这些事,若离了此地,必是另一番滋味。它们发生在这里,影响着这座城市的风土人情、经济文化,甚至改变了城市的风貌。若不是杭州,无法吸引到那么多各色各样的人物;若没有这些人物,杭州也不会是现在的模样。多少年过去了,默默存在的建筑,仍在无言地诉说着当年的故事。

在这些老房子里,我们既能看到历代主人的审美志趣,也能看到时代留下的变更痕迹。更重要的是,一代又一代的传奇写就了杭州的文化符号,铸成了杭州的文化金鼎,融入了杭州的历史发展。知道了屋子中发生的事,便知晓了历史走过的足迹。我们的城市之脉,便生长在这些房子里。

小城故事多,更何况杭州活力满满,早已成长为一个大城市。漫步在杭州城的大街小巷，扑面而来的人文气息让人应接不暇。最令人惊讶的是，杭州在历史上竟然吸引了那么多的人物，他们在杭州或袖舞风云，或著书立说，或雅集风流，或开课授徒，或繁荣市面。在一处处老房子中，藏着杭州的文化史和发展史。

杭州以醉人的湖光水色闻名天下，但更为独特的，是这座城市的文化特色。城市与湖山是相融的，历史人物与故事传奇是相生的，步步见诗词，转角便可遇见文化。人文、自然、历史、人物融合在一起，其丰富性是无可比拟的。而这一切，都在老建筑的砖瓦廊柱中有所体现。

小楼无语，默默诉说。"参差十万人家"，老房子是会说话的。让我们行走在城市中，倾听家常中的传奇故事，体会传奇里的日常生活。

祠堂巷中忠肃公

明朝洪武年间，杭州清河坊太平里一户人家里猛然传出婴儿的啼哭声。里弄口正在摆弄白兰花的张阿婆被惊得手一抖，一篮子香花撒了一地。整条巷弄的邻里都纷纷探出头来张望，这是谁家的娃，哭得这般响亮！

一会儿，巷中间于家的仆佣们满脸喜色，捧着大红鸡蛋奔出来，四处分发，张阿婆也分到两枚。原来是于家添了小少爷了。

这小少爷可不一般，生出来就特别大，有一般婴儿半岁大小，手长脚长，蜡烛包都裹不住。每次啼哭都惊动四邻，那声音又响又亮。隔壁姚太公说，有天他上城隍山上拜土地，站在山顶上都听到于家小子的哭声。那动静，真可谓是惊天动地。

这太平里的邻里甚是和睦，于家又是读书人，一向谦厚，懂得和四邻亲厚，因此邻居们也很是喜爱于家这个小少爷。几位老人都说他生有异相，必是星宿下凡，长大以后一定不凡，到时候这太平里，还要仗着这个小少爷留名呢！姚太公总说，可惜自己已经风烛残年，看不到了，否则的话，日后也可以和人说道说道，说这般人物就住我家隔壁哩。

于家小少爷虽说哭声震天，其实并不爱哭，而是喜欢听读书声，躺在床上，听到父兄诵读，便手舞足蹈，咿呀有声。有一次叔父逗他，故意将读熟了的文章断错句，小少爷竟然将脸憋得通红，连连挥拳，极是着急的样子。

大家哈哈大笑，连道这孩子有宿慧，长大以后不得了。只是于家少爷是为人父母的，所虑深远，叹道："孩子虽好，却唯恐被人夸得多了轻狂。只望他谨慎言行，平安到老。"于是给孩子取名"于谦"。众人都道他多虑了，孩子就出生在平安里，抬头可见城隍庙，四邻都有七八十岁的老人，岂能保不住一个孩子的平安？

于谦一日日长大，果然是一个读书种子，三岁启蒙，五岁能对对子，六岁就去外塾读书了，是杭州城里有名的神童。平日里往来，见了于家长辈，大家只说，于谦是个奇才，要好好培养，以后定能治国安邦。那孩子也奇，平日里读书过目成诵不说，还时常脱口而出佳句妙语，成人多不能及。

他也不与同龄人玩耍，七八岁时便每日独自往返吴山三茅观上学，寒暑无间。先前家里还派仆人随行，一日那老仆却独自回来了，说少爷不要他跟着。原来老人家话多，一路上总是与少爷说东聊西，于谦却从小是个方正的性子，不爱谈闲天，只嫌聒噪，说扰了他的思路，便将老仆遣了回去，宁可自己背着书袋来回。这孩子与旁人性情不同，从小就是说一不二的性子，家人竟不敢违背，由得他自来去。

那一年春天，油菜花遍野开放，各地的香客都背着香袋，成群结队从各处赶来杭州敬佛上香。这本是杭州

于谦像

一景，香客们选这时节拜佛，既遂了虔诚之心，又赏了西湖之景。于家素来有礼佛之举，平日里读书事忙，但这时候，于谦母亲定会带着他一起去寺观。

于母用心良苦，她知道自己的儿子生来是个刻苦守矩的，天赋既强，又喜读书，能自律，日后必然进入朝堂。高处不胜寒，和丈夫一样，她不求儿子飞黄腾达，只望他能平安终老；只盼常带他见些俗世风光，能让他磨得圆润些，多些世故，少些执着。

这年于谦十二岁，照例奉母出游。他一年到头苦读，连过年也手不释卷，这一天算是一年一度的春游日，全为让母亲高兴，方舍得放下手中的书卷。出门前，于谦嘀嘀咕咕："我这也算是娱亲了吧。"当母亲的哪能不知儿子性情，当下一顶大帽子压下来："我儿！这读书明义，孝字当先。你平日里也没有好好奉养父母，就这一日，还不好好孝顺！"于谦一听，赶紧换上笑脸，过去扶住母亲的轿杆。他身高腿长，长得又俊秀，一路上好些人盯着他看。于谦旁若无人，只在轿旁边走边陪母亲说些闲话。

母亲自然舍不得儿子走路辛苦，本又是想着让他多看些人情，走不了多远，看到有间小庙，便停了下来。母子俩进去一看，是一间关公庙。关帝爷红着脸膛，一手拄大刀，一手拿《春秋》，端坐堂上。母亲带着于谦拜了关公，忽然想起："儿啊！你书桌侧畔还没有挂画呢。回去我们也挂张关二爷，好保佑平安！"于谦大笑："母亲说笑了，哪有在书桌边挂关公的。再说了，家中世代书香，一屋子正气，书就可镇宅，巷便名平安，何用请关公呢？"见母亲一脸讪讪的样子，于谦赶紧又说："儿子回去就找张合适的挂上，到时候再请母亲来看。"

此时春暖花开，游人如织，母子并坐，很是和乐。于谦扶着母亲四处转转，到了一处，见有匠人在做石灰。于谦不知这些俗务，见状很是好奇，上前询问。匠人见是位读书公子，不敢怠慢，忙将于谦拦在几步开外，且做且说。于谦眼见那一块块青灰色的石头被大锤子又砸又打，化作碎渣，又送进窑里经烈火烧制，再拿出来锤打碾磨，最后才变作洁白细腻的粉末，能够派上大用场。

于谦看得呆了，母亲原是让他出来散心的，也不催促，只坐在一边喝茶，让他看个够。半晌，于谦才回过神来："谁知市井间竟有这般奇景！我要写诗！"仆人闻言赶紧将文房四宝奉上，于谦就近找了一处大石，一挥而就："千锤万凿出深山，烈火焚烧若等闲。粉骨碎身浑不怕，要留清白在人间。"写完略一沉吟，又加上题目——《石灰吟》。

于母原也是识字的大家闺秀，当下便叫人拿来看。一见竟是写的这个，再看儿子，小小年纪，一脸坚毅，双唇紧抿，眉宇飞扬，当下长叹一声：时也命也，这个儿子绝非池中之物，但望展翅高飞之际，懂得回旋，不要误触山头。于谦见母亲面有忧色，赶紧问道："儿子写得不好吗？"于母温和一笑："我儿此诗一气呵成，寓意深远，何止是好，直可为传世之作。"于谦吓了一跳，赶紧将诗纸折起来，说道："母亲这是护短了。"于母令随从将诗好好保存："明儿拿到学堂叫先生改改。"看看儿子脸色，缓缓又道："我的儿，有一句话你记在心里。"于谦一听母亲如此郑重吩咐，赶紧跪下："母亲且训示。"于母拉过儿子的手，轻轻说："留得清白在人间，未必要粉骨碎身，若能全身而退，那才是孝顺孩子。"于谦赶紧应了，却是一脸茫然。于母长叹一声："今日现时，你自然是不懂。日后只望你永记此句，无论何时，都不要忘了为娘生养你的辛苦。"

因为贪看石灰窑劳作，误了行程，午饭便在庙里吃了。山野小庙，吃个新鲜，倒也新奇。油焖春笋，马兰头拌豆腐干丁，酱爆青菜心，再加一碗豆芽山菇汤，于母很是满意，对于谦道："谁能想到这野厨竟烧得这般好灶火，明年我们娘俩还来。"于谦自然称是。

回到家中，于谦记得对母亲的承诺，要在书桌边挂一张前贤画像，便直奔祖父房中。请安完毕，祖父便问今日见闻，于谦一一说了，还将《石灰吟》默了一遍，又将母亲的教诲学说了。祖父读罢诗，听完于谦所言，也是默然良久："我有佳媳佳孙，但望孙儿你牢记慈母今日所言，不要只顾勇猛精进，要常思全身而退。这平安里祖宅，便是你的退处。"于谦认真应了，又向祖父

于谦故居

做了一个长揖，说道："祖父，孙儿今日是来讨要一样东西的。"祖父倒很高兴，这孙子最是规矩，从来不肯夺长辈所爱，向来没有撒娇要东西的时候，这是看上什么了？原来于谦是想问祖父讨要文天祥的画像，好悬在书桌侧畔。

于谦早知祖父宝藏有忠烈公的画像，对于这位前朝状元，于谦一直心存景仰，奉其言行为圭臬。书桌边若有这位前贤耀照，更可激励自己为国效力。于谦笑道："祖父，母亲竟说让我在书桌边挂关公像，这岂非惹人笑？您就将忠烈公的像给了我吧，这才是读书人的楷模呢。"谁知祖父沉吟半晌，却说："你母亲说得有理，万事不如平安。不如你就挂关公像吧。"于谦瞪目结舌，半天才大声抗议："这怎么可以！只有那些粗野乡农才挂关公像，我辈读书人，自然该日夜供奉前贤。我挂张关公在书房，若有先生同窗来访，这又怎么说呢？"祖父知孙儿说得有理，哑然半天，也只得给了。

于谦回到书房，便叫来仆人，兴兴头头将文天祥像挂在书桌边上，还摆放了香案，以便日常供奉。自己站在像前，左右端详，越看越觉得肃然起敬，不禁提笔写下赞词。赞词道："呜呼文山，遭宋之季。殉国忘身，舍生取义。气吞寰宇，诚感天地。陵谷变迁，世殊事异。坐卧小阁，困于羁系。正色直辞，久而愈厉。难欺者心，可畏者天。宁正而毙，弗苟而全。南向再拜，含笑九泉。孤忠大节，万古攸传。我瞻遗像，清风凛然。"

第二天，于谦下学回来便如约请了母亲来看，又将赞词拿给母亲。于母看了，只是摇头："我儿，昨日里关帝庙里我那句话，你可记得？"于谦自然记得，当下便重复了一遍给母亲听。母亲点头："常记莫忘！"

这之后十年，母亲还是每年带于谦去踏青拜佛，其中必要经过那间关帝庙。十年间，这小庙竟发扬光大，规模日益壮大，远近闻名。但这一年一度的咬春斋饭是必不可少的，于母也每年都让于谦重复一遍当年那句话，提醒他不可忘却。

十年之后，于谦考取辛丑科进士，之后再也没有回过杭州。等他再回平安里，已是一具棺木。

五十九岁的于谦，离家已经三十六年，不见慈父母与祖父，也已经三十六年。这三十六年里，别说每年的踏青，便是春笋菜心也未能再尝。这年正月二十三日，于谦被押往北京崇文门外，就在这座他誓死保卫的城池前，被执行斩首之刑。

天降大雪，满城皆知于大人冤情，一路有人痛哭相送。于谦一生刚烈，最是血热，常常捶胸向天大号："我这一腔热血，该往何处飘洒啊！"此时此刻，他却只记

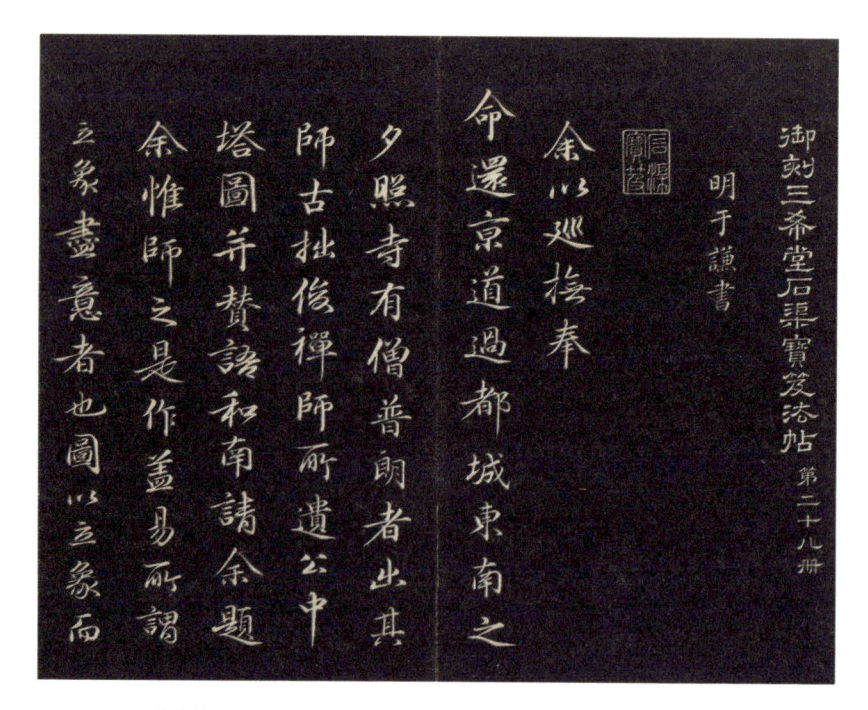

于谦手迹

得十二岁那年的春风里,慈母执手细语:"若能全身而退,那才是孝顺孩子。"

有人上前,低声询问:"于大人还有什么心事?"于谦挣扎着向南叩下头去:"孩儿不孝!未遵母命!孩儿不孝!孩儿不孝!"周围顿时哭声一片,那人道:"定当为君敛骨南归。"于谦这才就死。白雪之上,满腔热血,粉身碎骨,永留清白。

只是江南钱塘县的太平里,永失佳儿。

于谦死后,深宫里的太后过了几天才得知消息,叹息落泪:"这样好的臣子,也是别人家里的心头肉啊!就这样斩了吗?"明英宗见到母亲哀悼,也醒过神来,只是来不及了。

所幸于谦的父母、祖父已经过世，不至于白发人送黑发人。都督同知陈逵收敛了他的尸体。过了一年，于谦的养子于康将其归葬于杭州西湖南面的三台山麓。

又过了些年，于谦被平反。他在杭州的故居被立为悯忠祠，太平里也从此改称祠堂巷。出了故乡，便不太平，当年慈母望儿太平的心愿，终是成了空。

兴族大宅积善坊

明朝末年,春天,福建照例温暖。黄家老祖在暖窗之下闲坐,阳光和煦,不觉睡了过去。梦中自己变得和年轻时一样身轻体健,从一个城门进去,快步走向一处小巷。那小巷仿佛早就走熟了的,三转二转,便转到了一座台门前。几步台阶之上,赫然写着"黄府"。台阶两旁,各立着一只石狮子,龇牙咧嘴,颈挂绣球。

老祖心中似明白,又似迷糊,抬脚进了府门,两边小厮忙着作揖。一路进了内堂书房,自有长随上前奉茶,又有丫头用铜盆打了水来净手洁面。那里的人都说着一种奇怪的官话,不知为何,老祖不但听得懂,自己也能说。

不一刻,门客来了,上前一揖道:"老爷,这造船的图纸已经得了,您瞧瞧看。"说着便奉上一卷大纸来。打开一看,只见上头写着"杭州湾靖海"五个大字。

老祖忽然惊觉,问道:"这是哪里?"门客一下愣住了,长随赶紧上前扶住老祖,道:"老爷是中了暑气吗?这明明是家里啊!"老祖焦躁:"哪个家里?"长随更是惊异:"这是武林老宅啊!老爷这是怎么了?"

话音未落，忽见眼前金光闪动，却是大白天的，一道金光直落下来，正正地照在堂屋当中。金光里隐隐有人影涌动，更有袍服绶带、金银珠宝、牌坊匾额，都随金光掉落满地。

"啊！"老祖大叫一声，醒了过来。醒来后不及喝茶安神，赶紧回忆梦中所得。那梦做得真切，连梦中人的说话口音都如在耳边。老祖细细回味，再三回忆，又拿起笔来，在纸上勾勾画画，确认完全记住了，这才松下一口气。

定下神来，老祖连声唤人，叫来家中老仆，又命人捧了族谱来，细细翻看。黄家本是福建世族，在宋仁宗时就出过宰相，历代人才不绝，之后亦有随侍到行在临安，在那里安家的旁支。武林武林，岂不就在以前的临安，现在的钱塘？黄家规矩森严，旁支但有添丁变故，皆派人往祖宅送信，在族谱上注明。再看谱上，明明记着：黄家五房，现居钱塘武林上百戏巷。梦中那古怪的口音，想来正是杭州官话。

老祖一阵失神，梦中之意极是明白：武林五房，是家族中兴福地，那宅子，正是受上天眷顾的吉宅！这是族中天大的事，老祖不敢怠慢，开了祠堂祭拜先祖，再三叩拜，这才派了自己最得力的孙子——黄家三爷前往钱塘看视。

黄三爷是主支嫡孙，此前从未去过钱塘。以前每年都是快过年时，旁支才派了精干老仆前来福建祖地，无事便请安问好，有事便入祠上谱，再带些礼物回去。现在刚过完年不久，等不及这一整年了，黄三爷当即带了仆人出发。

两地其实隔得并不算太远，只是山路难行，江南春日又多雨湿滑。这一日，黄三爷好不容易进了城，拿出祖父画的梦中的路线图，一路询问，两相对照，竟然丝毫不差。到了上百戏巷，短短一条小巷，巷尾一处大宅，门口几个台阶，上面挂着"黄府"匾额，竟和祖父说的一模一样。唯一不同的是，台阶两边并无两只石狮子。

长随上前叩门，道明自己是从福建主支而来的。门子大惊，忙通报主人，开中门迎接。黄家五房主事的是大爷，此时正在外未归。经年往返福建的管家听闻消息赶紧出来相迎："果然是三爷！赶紧请里面坐！"一边请着，一边又叫人去寻大爷回来。

祖地来的亲戚，自然不是外人，管家一路将黄三爷请进了内书房。三爷四处打量，竟与祖父所言丝毫无差。甫一坐定，便有两个丫头上前，一个跪着，高高捧着大铜盆清水，另一个半蹲着捧着手巾、胰子，服侍三爷洗手净面，看这架势，竟是比福建更要讲究许多。

坐定后，又有丫头沏上茶来，垂手立在边上，静悄无声。此地饮茶与福建不同，是一杯碧莹莹的龙井，三爷啜了一口，倒也甘冽，别有一番风味。

才喝了几口，便见一人揭帘子直闯进来。管家忙对三爷说："这是府上的二爷，三爷莫怪。实在是我们这里的二太太今日生产，已经肚痛了一日还生不下来，二爷这是刚去请了妇医圣手来瞧。"二爷忙忙拱手："祖地来人，本当倒屣相迎，只恨拙荆无用，生个孩儿倒要费这些功夫。三爷请宽坐，大哥片刻即回。我怕怠慢，先来打个招呼。"说着连连作揖。三爷慌忙上前扶住："传宗接代本是大事，我本也没有紧要的事，你先忙你的去。都是自家兄弟，不用客气。"二爷连道得罪，忙忙地去了。

　　三爷又喝了一刻茶，管家在旁陪着说话，只是心不在焉，一个劲地往外看，又怕三爷不高兴，解释说："三爷不知。我们这儿不比祖地人丁兴旺，这一辈儿只二位爷，大爷连生几个女儿，只是没有儿子。二爷上回倒得了个儿子，五岁上却不幸没了。现在二太太又要生产，因此全家上下都甚是着紧。"三爷点头，这些事儿，钱塘这边每年都派人来报，都写在谱上呢，他也知这支子嗣艰难，很是理解。

　　这龙井虽清爽，却不经泡。换了两次茶叶，大爷才急急进门，直奔内书房，连声告罪："事先未得信，有失迎迓，倒叫三爷久等了。"原来大爷历来和净慈寺住持交好，现在家中有人难产，便赶到寺里做道场放生祈福，是被家仆找回来的。三爷一听便有些懊悔自己来得太急，倒搅得人家不安生。

　　大爷却有些心惊肉跳，今天这日子可是艰难。钱塘这一支尽生女儿，自己年近半百，眼看已经难以得子。二弟妇也年纪不小了，这回怀相凶险，生了一天一夜还未见头。老家又突然来人，可见必有大事。难道……大爷张一张口，只不敢问。

　　三爷甚是愧疚，连道："无事无事，只是老祖遣我来看看。"大爷显是不信，只是不好深问。三爷只得道："此刻虽不是说这个的时候，但再不说怕你们惊吓。"如此这般，遂将老祖之梦一气说了。

　　大爷和周围的人听了，都面面相觑。三爷赶紧拿出老祖所书所画，大爷更是两眼圆睁，脑中翻江倒海。此时却听内宅一路嚷出来："生了生了！生了生了！"不但大爷,连三爷都腾身而起,奔出房外,只见婆子一脸喜色:"生了!是个小公子!"又说:"这小公子可神呢,生出来的时候满身绕着金光,哭声可大了,连哭出来的眼泪儿都是金色的呢!"说着把帕子往前一递:"瞧!"大爷和三爷伸长了脖子一看,果然是有些金灿灿的!

大爷念声佛,在庭中往天便拜。这时二爷也出来了,和三爷一起向天跪拜。那边管事的早准备好了银锞子,见人就撒,那婆子报喜有功,用帕子兜了一包银子,欢天喜地,满口吉利话说个不停。

大爷站起身来,拉着二爷、三爷回房,将老祖之梦与二爷讲了一遍。三人你看看我,我看看你。半晌,三爷方才激动地说:"老祖之梦,莫不是应在今日?这孩子今后必能振兴黄家!这宅子,必是一处吉地!"

三爷又在钱塘住了一月,深觉此地交通便利、物产丰盛,且人杰地灵,有欣欣向荣之气,不似老家闭塞保守,心里便有了主意。这一月间,婴儿胖大了不少,尤其爱和他的祖母亲近。才个把月大,就能认人,被祖母抱在怀里,便咯咯直笑,喜得老太太合不拢嘴,从早到晚亲自抱着,不肯撒手。那孩子见了三爷也很是亲切,自会伸出小手,似乎在招呼。

回去之后,三爷便将情形详细禀明老祖,并说也想往钱塘定居。迁族是大事,老祖考虑再三,征求了各房意见,最终决定自己还是守在福建,只迁了三房家人往钱塘去。

大家都知晓老祖之梦,对于迁居很是踊跃。钱塘大爷得知消息后,将上百戏巷前前后后的屋子全都买下,整修一新,又在宅前台阶前添置了两只大石狮子。同族同宗是最好的帮扶，人多势众，自然是来得越多越好。自己这一支只有一个男丁，往后单打独斗，何其艰难，老家来人，正是雪中送炭，岂有不尽心之理？

说来也怪，迁到了钱塘之后，各支开枝散叶，都很是兴旺，且族中老人多长寿，孩子多能读书，人人都说老祖这一梦真是灵验。

哪知没过多久，江山变色。一夜之间，清兵入城，并挂出了"留发不留头"的白条子。黄家只是百姓，当下剃头换服。

改朝换代不提，时局动荡，却耽误了黄家那个独苗的前程。这根独苗单名一个"机"字，一肩挑两房，承兆而生，小小年纪就有宿慧，是个读书种子。本来早早便可进学，却到三十六岁方考中进士，开始为官。不过虽是晚了几年，但他官至吏部尚书，宦海近四十年，虽有波折，却得善终，回葬于灵隐寺白乐桥边，人称"太平良相"。

黄家开枝散叶，兴旺无比，此时已经有十二房之多，本家兄弟多有官职在身。其中一位担任兵部左侍郎，主理靖海之职。黄家世代与洪家联姻，人才辈出，著名的戏曲作家洪昇的母亲和妻子，都是武林黄家的姑娘。据说后来有书生曹雪芹写《石头记》，便将官巷口上百戏巷黄家写进了书里，成了王夫人和王熙凤的娘家。

黄家不但成了杭州四大家之一，而且族中多长寿者，黄机的祖母蔡氏寿至一百零四岁。

在杭州，人人皆说此巷此宅乃是一处宝地，是上千年积德积善的福报之地。也因此，杭州人将上百戏巷所在称为积善坊,又叫百岁里。

然而积善之家,余庆终有散去之时。清末民初,黄宅易手。此时的老屋已破烂不堪,原来连绵的宅院也被分割得七零八落,除了里巷之名,不复当年盛况。

巷内有位绍兴人叫蒋德山,开有一家酒店,生意颇好。蒋德山为人极为精明,早就看上黄家老宅,众人皆道此处福缘已耗尽,现时是块穷地了,他却不以为然,暗中盘算。这一日等到机会,赶紧购入。昔日尚书府,今时美酒坊。然而此地正如蒋德山所料,余荫尚存,仍是一块福地。

到了蒋德山儿子这一代,兄弟俩便在酒店边上合伙成立了蒋广昌绸庄,为当时杭州绸业之首,家业兴旺。有意思的是,这两房兄弟又只得一子,且这个儿子又如黄机一般,读书做事皆是上品。

这个儿子便是蒋抑卮。他师从章太炎,东渡日本学习经济,结交鲁迅,出资印行《浙江潮》,领时代之新风。在他手里,蒋氏家业从实业而至资本,创办浙江兴业银行,买下胡雪岩的芝园,投资铁路、电厂、银行、股票,又在积善坊巷耗资十五万元造了五开间四层的楼房,成为官巷口一景,也是杭州近代建筑工艺水平的一个标尺。

吴宅载德过万历

公元 1868 年，钱塘人吴振棫（字仲云）告老还乡。他买下一处大宅，加以扩建修缮，这处宅邸从此被称为吴宅。从吴宅中，养出了一代又一代的读书种子。吴家十数代人文脉不绝，深刻影响了杭州文学的形态。

吴宅位于今拱墅区岳官巷 4 号，始建于明代万历年间，是杭城仅存的几处明代大型木结构宅邸建筑之一，一度曾有四十七户居民杂居其中。1986 年，杭州市政府将其定为市级文物保护单位，现为杭州市文史研究馆所在地。

杭州岳官巷东起新华路，西至六克巷。明万历年间，学官殳云桥、殳龙山居于此，故名学官巷，杭州官话将"学"字发音为"岳"，叫着叫着，就叫成了"岳官巷"。这座宅子和读书科举有着深厚的渊源，由学官初建，又住过好几任学官，一直被书香温养。

随着朝代更迭，吴宅经历了好几代主人。清咸丰年间，吴仲云归隐杭州故乡，将这处大宅收为己有，并加以扩建。

吴家可谓是杭州的大户人家，原籍徽州休宁（今属安徽黄山市），明代中后期迁杭定居。吴家出过声名显赫的总督，也出过不少进士，"书香门第"这四字更能代表家族的荣光。搬入吴宅之后，吴家几代人的名字大都能在《清史稿》中看到，他们的身份是诗人、史学家、教育官员，总之，不是著书做学问，就是办学搞教育。吴宅除了是几进的大宅之外，还是著名的藏书楼，几代传承下来，藏书极富。

吴仲云不仅是道光、咸丰年间的重臣，官至云贵总督，在文学上也很有建树。晚年回杭州后，他兴建吴宅，同时在敷文书院教书。吴宅建成后，身心舒泰的吴仲云在他祖父吴颢的基础上完成了《国朝杭郡诗续辑》，同为杭州人的丁申、丁丙兄弟又在此基础上完成了《国朝杭郡诗三辑》。在诗歌史上，这是杭州地域性文学兴起的重要例证。

吴仲云还著有《养吉斋丛录》，这部书记载了他官宦生涯中目睹的清代掌故、国家制度、饮食服饰等内容，深受历代学者推崇，直至今日，中华书局等还有再版。

大宅之中，书香代代流传。写下"曾许人间第一流"的诗人吴庆坻是吴仲云的孙子，出生在吴宅，曾在杭州西湖边的诂经精舍跟随经学大师俞樾学习，后来任四川学政、湖南学政。吴家与俞家乃是世交，几代都有深厚的交往，互相诗词唱酬不少。吴家祖孙几代，都对杭州的诗词文学有着重要贡献。

吴宅中，清代的最后一位主人吴士鉴，是《清史稿》的总纂之一，负责《表》《志》以及《王公列传》等部分的撰写。吴士鉴是1892年榜眼，光绪皇帝的侍读，翁同龢是他的老师。自在北京修完《清史稿》回到杭州后，他就专心自己的著述，同时带着子孙辈读书，对当时的权贵避之唯恐不及。相传，浙江督军孙传芳曾率卫队来拜访，提出给吴家子弟安排更高的职位，吴士鉴婉拒说："让他们历练历练，按部就班就好了。"从此，孙传芳再未与之交往。

从第一代入住吴宅的吴仲云开始，家中世代以读书为业，走科举正途出身。在文学、史学、政治上都有建树的吴家，是当时杭州城里数一数二的世家。辛亥革命后，吴士鉴的四个儿子中，大儿吴秉澂、二儿吴承湜都是京师译学馆（后并入北京大学的前身京师大学堂）毕业。

2017年3月，吴家后人从世界各地回到杭州，在吴宅举办了一次聚会，共同商讨修族谱的事。这次聚会筹备了半年。聚会上，吴家有了一张几十人的大合照。

合影上，吴廷瑜是南开大学毕业，曾在浙江银行任经理；吴廷瓛是唐山交通大学毕业，曾在政法系统工作；吴廷瑰毕业于浙江大学机械系，曾在铁路系统工作；吴廷璹是浙江医科大学毕业，曾在浙医二院任主治医师；吴廷琭是浙江大学土木系毕业，毕业第二年就参加了滇缅公路的修建工作，还参与过钱塘江大桥的修复，新中国成立后，又在全国各地修路架桥……其他吴家人也都是大学生，在铁路、医院等系统担任工程师、医生等职。

吴宅里不仅走出了一代又一代的读书人，还往来无白丁。清康熙年间，学官翁嵩年曾在吴宅居住。翁嵩年先后任户部主事、刑部郎中和粤东提学等职，尤其喜欢提携后进。最为人称道的是，他在广东督学时，一次考试因考场设于雷州，琼州考生需渡海赶考。翁嵩年闻之说道："我岂能以一己性命换取千万人性命？"遂将考场改设于琼州，让考生在当地应试，自己则不顾渡海风险，乘舟亲赴琼州督查考务，一时传为佳话。

吴仲云将自己的书房命名为载德堂，前后都有竹园，共有五进院落。吴宅由东、中、西三部分建筑组成，并非明代一次建成。其中中部和东部建筑是在明代基础上作改建和扩建而成的，西部则为清代建筑，后也作改建，但整个宅院总体布局依然井然有序。现在的吴宅，中轴线上有账房、守敦堂、砖雕石库门、肇新堂，东面有门楼、四宜轩、载德堂、锡祉堂等。

吴宅用材粗壮、雕刻古朴，流畅的梁架，矩形断面的月梁，中部外鼓的柱础，都体现出杭州明代民居建筑形制的特征。整组建筑还保持了杭州明代住宅建筑群的总体布局特点，因此使吴宅成为江南明清民居的典型实例，被收录于中国古建筑专著《中国古代建筑史》一书中，在国内外享有一定的知名度。

〔注〕

本文参考了宋浩《40年修成厚厚族谱传续书香家风》（《钱江晚报》2020年7月19日A2版），谨以致谢。

端生樵舍弄格窗

柳浪闻莺对面，有条小巷，名叫"勾山里"。小巷高墙之内，有一处院落。院里有个小小山包，名曰"勾山"。这里便是一代文章宗匠陈勾山的旧居"勾山樵舍"。

清乾隆三十六年（1771），陈勾山已经去世多年。这一年，空置已久的勾山樵舍再一次人声鼎沸，原来是游宦在外的主人家回来了。

勾山樵舍

陈勾山的儿子陈玉敦从山东离任回乡，宦海多年，他的父亲亡故，贤妻病逝，长女夭折，膝下只得两个女儿在身边。女儿陈端生与妹妹陈长生都是出了名的才女，被袁枚称作"诗坛飞将军"。只是，端生此时已经二十岁了，这在当时实在可算得上是老大未嫁了。

好不容易回了乡，自有一番迎来送往，亲朋旧故，都需知会。陈家没了主妇，都是由长女陈端生出面应酬女眷。二十岁的大姑娘，放在别家，早已是当家奶奶了，端生却还一味女儿态，毕竟是未嫁身，脸皮子薄。

好不容易安定下来，陈端生坐在格窗之下，往窗外看去，勾山还是如走时一样，一派恬静。祖父素来节俭，家中并不奢华，不过历代读书出仕的人家，都是委屈不到女儿的。尤其是祖父极为开明，还写过《才女论》，儿媳也能文能诗，两个孙女读书作诗更是出了名的。

想到这里，端生不禁怅然。正在叹息，忽然有丫鬟来报，说是几个表小姐来了。想起前天这几位就递了帖子来，家中也早有准备，端生忙整肃容颜，笑迎了出去。

几个表小姐都还小，最小的才七八岁，大的也只十四五岁，由姑母带着，兴兴头头地进来了。兰表妹最大，拿绢子捂着嘴笑："早就听说这勾山樵舍了。果然清幽。"端生忙着拜见姑母，又招呼各位表妹坐。

姑母见桌上茶点有云南的鲜花饼，也有山东的葱油糕，再配上杭州的莲子酥和桂花糖，十分齐整，不禁暗暗点头。见端生既作主母，又当姑娘，落落大方，井井有条，想来主持中馈已非一日，心里又是欣慰又是难受。

坐了片刻，姑母便道："我这老婆子在这里碍眼，自寻我兄弟去了,你们几个姑娘家自在玩耍罢。"说着,便往前院的书房去了。

长辈一走,大家便活泛起来。不一刻,长生也收到信儿,赶了过来。姐姐妹妹们便坐着喝茶聊天。有人到书桌边一看,见满桌的字纸,喜道:"端生姐姐,你是在接着写《再生缘》吗?快写快写!"众妹妹一听,个个嚷了起来:"前回写到皇上要脱孟丽君的靴子,想看看是不是小脚,怎么到这紧要关头,突然便没了呢?真真是要急死个人!"

长生也来推姐姐:"是啊姐姐,你这一停笔,便是好几年了,别说姐姐妹妹,便是长辈们也来催问过好多次了。"端生苦笑一声:"自从母亲没了,我也没心思了。从前慈母催着,也想孝敬她老人家,这才写得勤。这会子舟车劳顿的,又忙着操持家里,连个提笔的机会都没有。"

大家都不依:"现下可不是安稳了?闲来无事,正好往下写。先跟我们说说,后来怎么着了?"端生便乐:"说了便不灵了!不可说!不可说!你们且等着。"

其实便是姐妹们不说,端生也想着重拾笔墨,将《再生缘》写完,这几日正在整理文稿,待零碎篇目理顺了,便往下写。

那边姑母在书房见了弟弟,陈玉敦向长姐一揖:"姑奶奶,拜托了!"姑母一叹:"自家兄弟,不必多说。端生长生没了母亲,她们的事,自然就是我的事。只是你有什么打算?"玉敦颇为内疚:"原是我误了端生。在云南任上,不忍将她嫁得那么远,看她还小,遂没有打算。在山东任上她母亲殁了,自然不能谈亲论嫁。后来想着要回来了，不如回来再说。一来二去，竟耽误了。"姑母安慰弟弟："你想的原也不错。只是姑娘家花儿似的年纪就这么几年，我家这两个姑娘又才名在外，当年父亲还在的时候，将她们养得甚为娇惯，若是不知根底的人家，恐不能善待。"玉敦道："正是。还请姑奶奶寻访读书人家，世交之子。"

姑母回去之后，便慢慢放出消息去，言道陈家两个女儿的亲事，着落在她身上。一时间上门提亲的人络绎不绝，只是大多是给长生做媒，毕竟长生年龄合适，正当时。只是姐姐未嫁，妹妹怎好抢先，因此来提长生的几家，大多也都讪讪地另说了几家给端生。

其中一家甚是诚心，给长生说了湖州叶家，又将端生说给了叶家的紧邻范家。范家子范菼是陈端生祖父的好友范璨之子，浙江秀水人，与陈端生的母亲是同乡。范家世代住在湖州。两家乃世交好友，又是母家同乡，联姻可谓顺理成章。范璨是雍正年间的进士，曾任湖北巡抚、安徽巡抚、资政大夫、工部侍郎等职。陈端生嫁给他儿子，称得上是门当户对。还有一点，叶家与范家是邻居好友，姐妹俩若都嫁了过去，又是一段佳话。那范菼年已三十，原配亡故，端生进门，可当德配。

姑母挑了几个月，也就是这桩姻缘最为相配，和兄弟商量："可惜端生已经二十岁了，若嫁入世家，当原配的可能性不大了。不如还是如此。"陈玉敦虽觉有些委屈女儿，只是再耽搁下去，恐怕只能作续配了，反复权衡，只得应了。

陈玉敦派人将端生叫来，自己不忍，出门会友去了。姑母坐在堂上，看端生从外面进来。勾山樵舍最多小格窗，各式花纹，极为精致。此时阳光从格窗漏进来，照在端生脸上，花影袭人，正是好时光。姑母不禁一阵心酸，拉着侄女的手坐下，问道："近来做些什么呢？"端生低头细声答道："替父亲管家呢。再就是理理文稿，给《再生缘》前稿修改润色，准备往下写，也免得大家伙儿着急。"姑妈不禁笑起来："你呀，动作也太慢了。我早就等得不耐烦了，都不指望你了，派人出去买了话本儿来瞧呢。"

姑侄闲话半晌，姑母才拍拍端生的手道："你个慢吞儿的，留你在家里也没有用，半天也写不出一回新的来，我们还是将你嫁了吧！"端生垂头，并不敢言语。姑母慢慢将范家之事说了："那范葖现在是诸生，还在考举人。原配并没留孩子。范家的气派比我们家还大呢，你以后的公公也很讲理，和老太爷是一路人，早早儿知道你，也读过《再生缘》，必不会拦着你舞文弄墨。你嫁过去，就和自己家里一样。妹婿家就在隔壁，也好照应。"

端生一样样细听分说，果然是好人家，姑母可见是用了心的。自己这般年纪，再想找个这样的人家当原配嫁过去，是万万不可能了，这就已经是最好了。姑母见端生只是红着脸扭着绢子，一声儿不出，便松了口气，问："可要相看？"端生不语，半晌摇摇头。姑母又松一口气："姑娘，难为你了！"对方人在湖州，且是续娶，看在世交面上，来相看也不是不行，只是不比少年定亲，必是没有那个兴头的。

这便嫁了。因着没有相看，端生一直捏一把汗。新婚夜一照眼，范生倒是一表人才，且温存体贴，还能诗词唱和，日子过得很是顺心。端生写诗曰："幸赖翁姑怜弱质，更忻夫婿是儒冠。挑灯伴读茶汤废，刻烛催诗笑语联。锦瑟喜同心好合，明珠早向掌中悬。"

不久端生产下一女一儿，凑成一个好字，正是样样皆好。只是范生不擅举业，屡试不中。范家这样的人家，竟容不下一个富贵闲公子，范生铤而走险，找人代笔，却被揭发。此是重罪，无可回旋，被判流放新疆。

这无疑是晴天霹雳，公公自是顿足捶胸，婆婆更是性情大变。婆婆并非范菼生母，和端生一样，也是续娶，因此一直以来，对端生都是温言细语，并不摆婆婆架子。然而出了这事之后，婆婆却对她与从前大大不同。

那一日中秋祭祖，本是阖家团圆之日，端生却只身带着儿子，不免面有凄色。婆婆见了甚是不悦，道："都说丧母长女不能娶，果然，自己没规矩便罢了，还教唆得爷们儿胆大妄为。"这话极是厉害，端生不敢反驳，又不敢哭，只是浑身发抖。祭拜之时，婆婆又对着原配儿媳的牌位哭："我的贤媳，你怎么就没了呢？但凡你还在，菼儿何至于此啊！"还对着老爷原配的牌位叩头："姐姐在天有灵，可不要怪我，要怪也怪我娶媳不当心，这可怎么对得起姐姐！"

端生明白婆婆的难处。她本是继母，却没有好好管教原配所生的儿子，恐怕也有不少人说她不贤，这口冤气无处可诉，便都甩在儿媳妇身上。只是端生本是娇嫩惯了的，本来就既羞且愧，更兼伤心欲绝，再加这一场，实在是过不下去了。

当晚端生便写信给了父亲，又写信给妹妹分说。没几日，父亲便派人来接，端生便带着儿女回杭州娘家居住。

再回勾山樵舍，又是一番物是人非。这一次，端生终于重拾笔墨，将《再生缘》续写了下去。这一番婚嫁，说是身败名裂也不为过，再写前书，早已不是当年心境。

燈影斜飄書案側

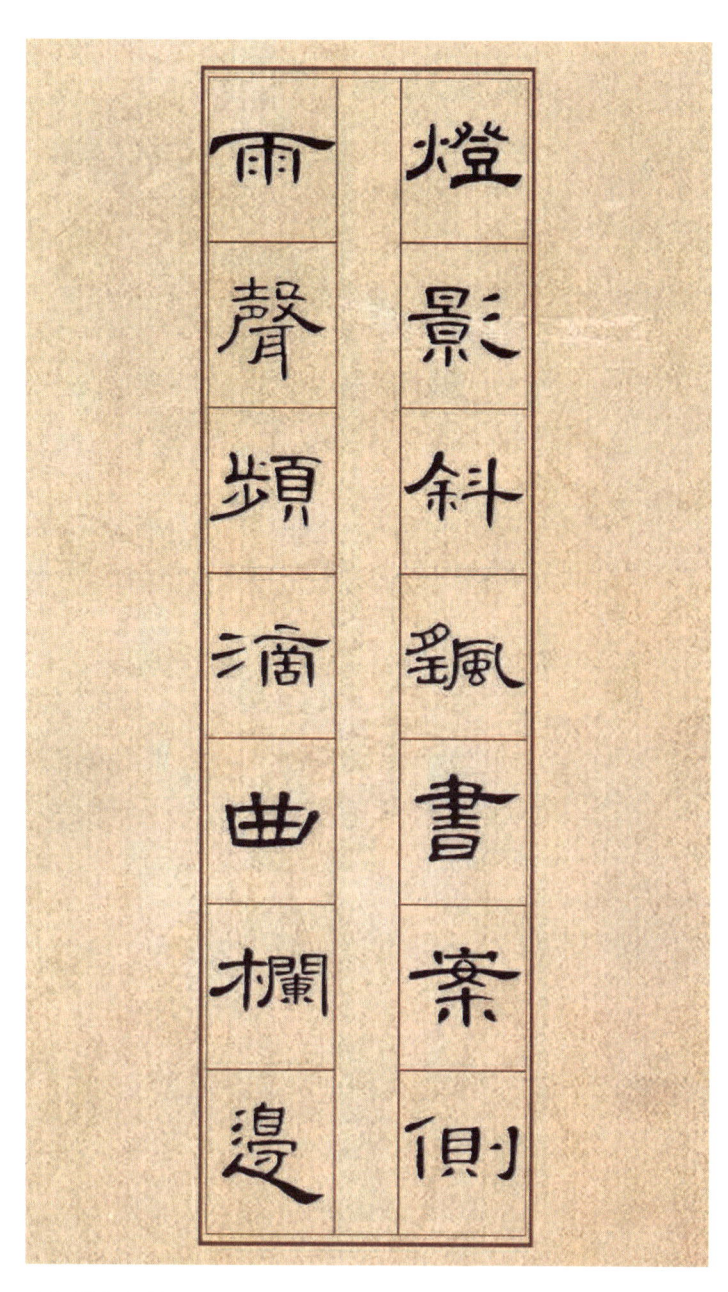

雨聲頻滴曲欄邊

《再生緣》卷首詞

小轩窗，好作诗，陈端生虽然回到了出生之地、少时住所，却没有了当年闲适的心情。若不是一众姐妹和女性长辈们爱护，还能在《再生缘》里找到些生存的乐趣和个人的价值，端生早已灰败如尘。

两个孩子还小，正是缠人的时候，端生也要抽出不少时间精力来当慈母。想到这两个孩子生在钟鸣鼎食之家，父母家皆是一时望族，却因有这样一个父亲而被人说成是破落子弟，她更是心如刀绞。

这一次回家，勾山樵舍的小格窗里，映出来的尽是凄凄惨惨。

清嘉庆元年（1796）冬，杭州剧寒，一场大雪覆盖了杭州西湖，格窗外的一切都沉寂如死，勾山不见真容。一代江南才女，在病痛折磨中，眼里噙着泪水与无奈，带着她的才华与灵性，留下一部未完的《再生缘》，撒手人寰。

乾隆武魁慎友堂

"格郎头夯郎头，萧山长河头，茅坑角落头。"杭州萧山长河头，是来姓人家的聚居地。

长河之所以叫长河，是因为这里有一条两千多米长的河，叫槐河，北起龙潭头，流经槐街，出财神桥，经过大河沿、月湾潭、汤家桥，再过飞虹桥，注入白马湖。

这里聚风聚水，最是出大官。从南宋时迁往此处开始，直至明清两朝，从长河来氏家族走出去的当官的，小时候都喝着槐河的水长大，他们在槐树下学习，也在槐河里玩水，抓抓小鱼小虾。而等这些人"衣锦还乡""荣归故里"时，也都会在槐河两岸种上槐树，建起大房子。每到四五月间，河边一连串儿的槐花挂满枝丫，白花碧水，衬得树下的河水和河边的房子越发清新好看。

河两岸的房子，要说最有名的，就是明代的"九厅十三堂"了。来氏从南宋至民国的八百多年历史中，甲第不断，簪缨不绝，这些官员曾回乡大建府邸，先后在长河留下了"九厅十三堂"。"九厅十三堂"依山傍水，宅院相连，青瓦白墙，雕梁画栋，楼阁回廊，玲珑曲折，当时被称为江南明清建筑里的"大观园"。

在这辉煌的九厅十三堂边上,有一处小小的院落。院门破败,裂开的口子可以伸进整只手掌。巴掌大的院子里只有一只咸菜缸,散发着萧山咸菜特有的霉香味。院子里有一半屋子已经坍塌,余下两间小屋也摇摇欲坠。

但是院子里的气氛却并不哀愁,一个装扮利索的妇人正坐在一个小马扎上切萝卜,动作干脆利落,手起刀落,萝卜块嚓嚓嚓地掉落进盆里,大小均匀,绝不拖泥带水。妇人嘴里说着:"今年萝卜好,多做一点,也好给主房送些。"

另有一个少年爬在屋顶上修补瓦片,闻言撇嘴道:"主房哪里稀罕你这点咸菜,人家燕窝海参都吃不过来。"妇人听了也不生气:"谁让你那死鬼老爹去得早,我们家吃不上海参,就吃萝卜。萝卜补气,就当海参了。你别说,主房老太太就好我这一口。到时候我拿萝卜给你换海参,等着。"

少年唰一声跳下屋顶,又爬上对面坍塌的屋子寻出一些好瓦片,再爬上屋子继续修补。江南多雨,这瓦片可是最要紧的东西,得赶紧趁天气好补齐,否则连觉都睡不成了。妇人切好萝卜,摊平在竹箩上,喊一声"接着",便往房顶上甩,那少年稳稳接在手里,晒在房顶上。

补好屋顶,少年又揉些稻草,打了土坯子,将墙补了,抹得溜光净滑,倒也好看。想一想,又去破屋子那里拿了些窗子格,敲敲打打,将窗子也补齐全了,还做出了冰格纹。这套水磨功夫做过,已是太阳西斜。只见阳光照在泥屋子上,倒也显出金光灿灿来。少年自己欣赏了一阵,很是满意。妇人从厨房里探出头来,喊声:"太阳公下去了,好收萝卜啦!"少年赶紧腾身而起,跳上屋顶,收了萝卜进屋。

妇人忙忙碌碌，做了青菜年糕当晚饭，又拿了一个坛子，从里面摸出一块糟肉，郑而重之，切了两片，铺在儿子碗里。想一想，又切了一片，这才将碗铺满了。少年本在院子里蹲马步，手里拿着一卷书看，听娘叫吃饭，便收了势进屋。妇人斥责儿子："天色这么暗了，看什么书，仔细坏了眼睛，到时候瞄不住靶！"少年嘿嘿一笑："白天不是忙吗，晚上又费灯油，我就看一会儿。"说着要将肉夹到娘亲碗里，又被娘训斥："这是给你长身体吃的。娘已经这么老了，要吃肉干什么。不懂事，快吃了。"

吃完晚饭，天色黑了。少年便在院子里练把式，妇人坐在檐下看，不时指点几句。边上重重连连的大屋灯火辉煌，丫头仆人来来往往，这母子俩却安然若素，没有半点狼狈。

这是来家的一个分支，原也是住在十三堂内堂里的。当年祖上是明朝万历年间贵州坐营游击将军来燕禧，回乡后建了百仁堂。只是代代繁衍，旁支渐渐住不下了，只得往外住。现在百仁堂里住的是主房，这一分支人丁凋零，过得不很如意。这一代原有两个儿子，老大却刚百日就殁了，只得一个老二，早早丧父，孤儿寡母，艰难度日。好在当母亲的性情开朗，也是武将人家女儿，手上颇为了得，倒也撑得起门户，并没有宵小敢来惊扰。

这位寡母从来没有凄凄惨惨的模样，靠着微薄田租，再每日里替人洗衣绣花，不时还去帮个厨、打个杂，母子俩勉强够吃穿。儿子白天在来氏自家的武塾上学，一边练骑射，一边读书，晚上便在自家院子里苦练，同时帮衬母亲做事。

过了几日，萝卜做得了，妇人便收拾收拾，拿小瓷罐装了一坛，送到主屋里去。主房老太太最好这一口，前天还念叨来着，一听便赶紧叫进来，拉着妇人的手："安太太真是好手艺，我这老婆子没有你的咸菜，愣是吃不下饭。"妇人赶紧奉上瓷罐："看老太太说的，照理说，我也是侄儿媳妇，该当的。只是穷，也就这点东西了，您别嫌弃。"又对主房主事的大太太说："大太太，真不好意思，我家就这么一个拿得出手的器物，东西倒出来了，罐子能不能还我？"大太太闻言笑得舒坦："知道知道，这是你的规矩。今儿我再送你一个大的。"安太太笑："哎哟，这是嫌我送得少了。"

几个娘们说说笑笑的。平日里大家都喜欢安太太，只因她坦坦荡荡，不露一点穷酸相，也不装腔作势，既不喊穷，也不装富，只是亲戚日常走动的样子。送她什么便欢欢喜喜拿着，并不作势推让，也不主动讨要。有什么事相求也清清楚楚地说，都是顺手能办的事，从不让人为难。更兼手脚麻利，头脑伶俐，不少为难的事，到了她这里，一转手就做得了。

老太太留了中午饭，大家吃的鸡丝面，正好拿萝卜干过着吃。吃完了饭，老太太要午歇，安太太也该告辞了。大太太送出门去，说声"常来"。这本是句应酬话，此时却说得很是真心。安太太临出门才拉着大太太的手说："仲方到年纪了，该去考试了。到时候还请大老爷提点一二。"大太太会心，拍拍安太太的手："放心。"

主房都是读书人，考的是文举。来仲方却从小有一把子力气，要考武举。一文一武，相得益彰，更兼本是一脉，同气连枝，正是一荣俱荣，一损俱损，主房再没有不支持的理。大老爷在外当官，当晚大太太便让儿子写信给自家老爷，讲了几个孩子进学之事。

这是家族大事，大老爷接了信很是在意，自己在任上回不来，便细细盘问送信来的家仆，各支孩子的情况。沉吟良久，给大太太回了信，又特意让自己的刀笔师爷跟着回去。师爷虽自己举事艰难，却是经事多的人，到了家中，便向来氏家塾的文武师父都了解了情况，又叫了几个孩子来考较。还向当地的学官递了帖子，带着大老爷的信去，晤谈一番。

一番动作之后，师爷回去向大老爷细细报了，大老爷这才写信回家，给几个孩子各自做了安排。这次却未叫仲方出试，只因他要应的是武试，得开硬弓举大石，若身量未足，恐怕适得其反。但大老爷却专从族里拨了款子，给仲方加强营养，又从江西专门请了武师傅教授，还允许他使用族里的马场和射场。人说穷文富武，要想应武试，没钱是不行的，没有家族支持，更是不可能出头。

安太太深知其理，带了仲方去主房叩头。那日她原也没想过这次就让儿子去应试，只是提醒大老爷，该栽培自家儿子了。如今主房这般上心，她是真心感激。

从此仲方过上了顿顿有肉的日子，不但是肉，牛肉、海参也是常吃的。仲方不喜海参，没滋没味还有股腥气，方太太却很上心，每日早上都炖在米粥中，叫他吃上一根。仲方想找些萝卜干下饭，却被安太太夺了："吃了萝卜，那海参就不补了。"

如此几年，仲方果然长得异常粗壮，勇武有力。大老爷趁调任回家，将几个孩儿都招来一一查考，看到仲方如此，方道："可以去应试了。"又写了帖子书信给知交故友，让仲方带着，好方便行事。

果然这一去，就拿到了武状元。乾隆皇帝在上面瞧着，看这来仲方长相清秀、谈吐斯文，却有万夫不当之勇，很是欢喜。看了履历，原来是杭州萧山来家的后人，自是文武都有家学。又叫了仲方上前细问，方知出自寡母之家，不禁触动了自己思母的心肠，含泪对左右道："谁说长于妇人之手便是懦弱的，看今科武魁，不也是慈母一手养成？"又对仲方说："论气力，论武功，旁人再及不了你。日后带兵骑射，朕也极是放心。只是你寡母养大你何其辛苦，听你说家中只有破屋两间，她竟将你养育得如此雄壮，可见是费足了心思，不知用了多少心头血肉才养出了你这一个。勇武之人，最喜强项，朕只怕你恃强逞能，负了你母亲一生苦熬。"仲方慌忙叩下头去："臣不敢。母亲平日为人最是和善，与亲眷邻里极为相得。臣虽考武举，也从小读圣贤书，并不敢造次。"乾隆很是满意："看你行事，是个老成的，只怕交友不慎，受人怂恿。你从今后要与君子相伴，方不负圣恩母德。"说着亲自给方仲平写了一块匾额，曰"慎友堂"。又反复叮嘱："武举里多败家子，勿与那些不争气的多来往，好好打熬气力，读书领军，为朕护卫江山。"

来仲方领了圣旨，谢了恩，将皇上亲笔好好供了起来。回乡之后，便和家中长辈一样，为母亲造起一所大宅，就用了皇上御赐的名字，名为"慎友堂"。

弘历三游玛瑙寺

"这里这里!"

"这儿也撒一点。"

"会不会太密了啊?"

"好像是,那再捡起来弄稀疏些。"

"哎,师父,可是我找不到了呀!"

"蠢蛋!"

深夜里几个人影鬼鬼祟祟、跌跌撞撞,不知在搞些什么名堂。玛瑙寺里一片静寂,只有这些窸窸窣窣的暗语之声。和尚们不知是在熟睡还是置身方外,无人出来探看,也无任何声息。只这几人忙忙碌碌着。

"什么人!"对面有人来了,压低了声音喝道。和尚虽不言语,巡察的侍卫却不是吃白饭的,这一番动静早惊动了夜巡的哥们。

"德哥儿，是我们！"怕惊扰了圣驾，小言子也压低了声音。德尔麻过来，举起手里的灯笼照了照，只见小言子带着几个小太监，灰头土脸地不知在干些什么，不禁又是好气又是好笑："你们几个，这是怎么了？半夜倒斗还是咋的？"

小言子慌得连忙念佛："阿弥陀佛，这可是在庙里，德哥儿你可别混说。菩萨脚下，小的们能有什么坏心思。"德尔麻奇道："那是在当差了？圣上又让你们干什么啦？"小言子忙道："这回并不是圣上说的，是我们几个奴婢自己想的。圣上今天一直在念叨，说什么玛瑙坡上玛瑙寺，怎么可能就没有玛瑙呢？必是那些凡夫俗子不长眼。明天圣上要亲自来寻玛瑙呢，那奴婢们说不得，只好今天晚上来种些玛瑙，明儿万岁爷好来收啊！"

德尔麻闻言一笑。自万岁爷南巡以来，小言子和侍卫们可是既乐又苦。乐的是见到了西湖美景，吃到了江南美食，苦的是万岁爷想到一出是一出，应付不暇。前儿种竹子，昨儿造亭子，今儿又轮到种玛瑙了。

"那你们好好当差吧。差不多就散了，万岁爷早歇下了，惊动了就不好了。"德尔麻说完，便带着兄弟巡到别处去了。这儿不比紫禁城，高墙深院，这处处湖山水林的，要藏个把人还真不难，侍卫们半点不敢放松，行宫周围几里都得巡到。

第二天一早，乾隆就起床了，小言子带人服侍周全，照例由武师傅带着练了一套拳。湖水清冽，莺唱燕鸣，一套拳打下来行云流水，乾隆连呼痛快。洗手净面后，小言子早觑准了时机，这就传上早餐。里头有春菜笋丝、鸡丝腐皮卷子等杭州菜，乾隆吃得很是满意，又赏了不少给随侍的官员。

吃完饭，喝了几口龙井，乾隆随意问道："朕今儿干什么好啊？"众人皆垂头不敢言语，皇上想干什么，岂容得别人指手画脚。没有人说话那可也不行，安答应最是天真烂漫，笑着应道："皇上说去哪儿，奴婢们就去哪儿！"乾隆一乐："走，咱们上玛瑙寺上香去。"

来了来了，小言子、德尔麻和安答应互相一通眉眼官司，彼此心知肚知。当下仪仗出动，虽说不在京里一切从简，但光是跟着的太监就有几十个，捧着西湖风景画册的，端着文房四宝的，拎着小红泥炉子的，拿着全套茶具的……林林总总，好大一群。还有个端着把椅子的，这是龙椅，皇上专用。按制，凡是皇上坐过的椅子别人就不能再坐，为了体恤民众，避免出现皇上所到之处留下许多不能再坐的椅子的情形，皇上出行都得背把椅子。

玛瑙寺离行宫不很远，乾隆身强体健，不愿坐轿，只说安步当车，边看景致边散步。众人自然无话，随行的安答应是满人，一双大脚，踩着花盆底儿也能走得飞快。皇上平时出行就喜欢带着她，也是喜她天真自然，毫不造作，就算翻山越岭，她也能跟得上，还能说些逗乐的傻话，凑个趣儿。

带着的六千兵士早就清了场子，另有腿快的一路跑到玛瑙寺报信去了。乾隆一行溜溜达达，慢慢前行，随侍的翰林和地方官都是饱学之士，到了杭州正好掉书袋子，一步一典，一步一诗，君臣相谈甚欢。

终于走到了玛瑙寺，大和尚早就带着一众沙弥在山门前恭候。乾隆停下步子，打量了一下这个不起眼的小山坡，面有疑惑："这便是玛瑙坡？"一位翰林刚欲说话，便被安答应白了一眼，赶紧收住话头。却见安答应一脸惊讶："这绿油油的山坡是玛瑙做的？"说着还摸摸自

玛瑙寺内景

己的玛瑙耳坠子："皇上！奴婢这坠子却怎么是红汪汪儿的？"乾隆被她气乐了："你个小小答应，竟敢拿眼睛瞪朕的翰林大学士？"安答应赶紧请罪："皇上圣明！明察秋毫！"乾隆这才命那位翰林："你说。"

翰林赶紧回话："回皇上的话。这坡在古籍里据说是质如玛瑙，想来这附近的山都是如此。但专叫玛瑙坡的，却是在对面孤山。"说着一指湖对面，"这玛瑙寺也曾被吴越王搬到对面孤山的玛瑙坡上，后来又被宋高宗给迁了回来。"乾隆冷哼一声："这钱王是个不学无术的，赵构却还算读过几本书，可惜了杭州的好山好水，竟没个明君打理。"这话一出，地上顿时跪倒了一片："吾皇圣明！西湖山水现在有了明君圣主。"乾隆大悦："罢了！"

小言子一看气氛不对，低着头向安答应递个眼色。安答应赶紧憨笑："皇上！你还没告诉奴婢呢，为甚这儿玛瑙是绿色儿的呢？"乾隆扯了扯她的耳坠子："这绿的是草！你少假痴假呆了。玛瑙什么色儿的都有，也有绿色的，但你的品级不够，只配够这半红不白的。"安答应不依："今儿奴婢就要在这儿挖几块玛瑙回去！甭管什么颜色的，谁挖到了归谁。"翰林忙道："皇上，这只是一说。杭州不产玛瑙，那宝石山上也不产宝石，只是石色泛红罢了。"乾隆却不以为然："据古书记载，这处山石质若玛瑙，那可是葛洪葛神仙说的。神仙自然不会空口说白话，想来是凡人无缘罢了。"

这时寺里的住持却回过味来了，赶紧上前施礼，微笑道："各位施主里面请。玛瑙坡上玛瑙寺，以圣上之能，点石成金也未必不能。"又道："这寺里多有神异，不少寺僧都曾见到寺中土地上有精光交烁，上前细看，却只是寻常土石瓦砾，想来是身份不足，见宝不识。"

"竟有此事！"乾隆一听，兴致大涨。本来到访玛瑙寺便存这个念头，如此听住持一说，更是跃跃欲试，当下便道："此为清净之地，朕先参佛。"言下之意，拜好菩萨就要寻宝。翰林听住持如此说，很是替他捏了一把冷汗，心中暗暗着急。但看边上人，个个安之若素，神色不变，也只得不动声色。

乾隆恭恭敬敬拜过菩萨，说过祈求国泰民安之类的祝词，便说要去寺中转转。住持在前引路，尤其介绍了寺中引以为傲的大钟。乾隆却心不在焉，只往地上瞅。

小言子不动声色间，已经走在前面，一边扶着乾隆，嘴上说着："万岁爷小心着步子。"一边把他往大树下引。不一刻，乾隆踢着了什么，他顿时停下步子，拿靴子一拱，一块晶莹剔透的石头滚了出来。小言子"哎哟"一声，奇得说不出话来。安答应赶紧说："皇上皇上，这是您先看着的，让奴婢替您捡起来可好？"乾隆大乐："你又想占朕的便宜？"安答应噘着嘴撒娇："皇上！

这天下什么东西都是您的！奴婢就是讨一点帮您捡起来的福气。"乾隆一点头："允了。"

安答应赶紧蹲下身子，用帕子裹着那块石头拿了起来。拿帕子擦了擦土，再托在帕子上，递到乾隆面前："皇上您瞧！这可不是一件宝物？"乾隆一看，那石头如婴儿拳头大小，边角圆润，红的金的白的，丝丝缕缕，竟果真是一块缠丝玛瑙！小言子伸脖子在边上溜了一眼，喊道："我的万岁爷！这么大一块儿玛瑙，都够买十个奴婢了。"乾隆呵呵大笑，叫德尔麻："德哥儿，你阿玛平日最喜欢这些东西，想是你也见得多了。你也过来看看，这是什么？"德尔麻赶紧凑上前来，细细端详："皇上，这可是好东西啊！你看这晶莹透亮的劲儿，一丝杂质都没有，再加上分色匀净，赏心悦目，够买二十个小言子的！"住持赶紧在边上说："恭喜皇上！贺喜皇上！这树下我们一天都要走上好几个来回，这些年了什么都没有见到，这皇上一来，宝物立时就出土了，果然能得真龙天子看一眼，踩一脚，都是造化。"说着命人将玛瑙小心翼翼地捧走冲洗，一会儿洗净擦干拿回来，更是美丽。

乾隆来了兴致，满地乱走，又踩到了好几块形状颜色各异的玛瑙，其中有一块满肉南红最是难得，洗净了像只小红柿子似的亮眼，招得安答应一个劲儿地瞅，可怜巴巴地望着皇上。旁人谁也没能找出玛瑙，就只看着乾隆走几步就有一个发现。那翰林早就叹为观止，踩在一块黑玛瑙上只不敢动弹，招得小言子对着他挤眉弄眼了好几回。最后还是德尔麻把他拉开了："大人这边走，咱们早早儿去方丈室预备着，万一皇上又要写诗呢。"他一走，小言子就把皇上引了过来，最后一块黑玛瑙终于得以出土。

乾隆龙颜大悦，交代随身匠人，这长条形的黑玛瑙琢成印章，满肉南红就做成柿子状的万事如意好孝敬太后，缠丝做成摆件……一一分派完毕，一回眼见安答应眼泪都快掉下来，倒也不忍："这是从庙里起出来的东西，是有灵的。若不是朕，它们还是些泥瓦土石呢。这是灵物，不好随便赏人。你也莫委屈，小言子，回去赏安答应两个大金锞子。"又教训边上的人说："做人要惜福。若朕再找找，指定还有，只是不好一下子全起完了，多留些给这庙里添添灵气。"众人皆赞皇上慈悲。小言子却挥了挥冷汗，实在是再找也没有了。昨儿下午找的杭州巡抚，仓促间就预备了这么多，实在杭州并不产玛瑙，就这几块还是现找的私藏。

来到方丈室，德尔麻早有布置。乾隆在自带的椅子上坐下喝茶，将几块玛瑙把玩片刻，又为寺里题词"香台普观"，徘徊良久，这才离去。

回到行宫之后，乾隆便将东西拿给太后看了，又细细讲了今天在玛瑙寺的奇遇，言下极是得意。太后久居深宫，这点把戏一眼看透，却不说破，只微笑道："皇帝上应天时，路过皆福。"乾隆很是开心，写了不少诗。太后却叫身边的大太监小茂子招了小言子来："你且告诉我，这些玛瑙是打哪儿来的，可别硬抢了人家的，造出孽来。"小言子连呼不敢，照实说了。太后点头："都是些忠顺的孩子。"又叫小茂子拿了赏赐给一众人等，尤其是敬献玛瑙的富商，一定不叫他吃了亏去。

第二次南巡时，乾隆又想起玛瑙寺来，奉太后前往寻宝。太后去了，却不肯寻宝，只说："天下的宝物，都是民脂民膏。有几块就够了，再多了折福。"又叮嘱乾隆："祖宗说了，永不加赋。我老婆子不识字，不懂天下大事，都是听你老子挂在嘴上的，皇帝也须牢记。"

最后一次南巡，太后已经殁了，乾隆也年纪不小了。再下江南，已不复当年意气。安答应早升了嫔了，前几年难产丢了性命。小言子还是跟在身边，长年躬身，早就直不起腰来了。

这一日，乾隆又来到玛瑙寺，站在当年的大树下，看着新一代的住持，回想往事，不禁微笑。他叫过小言子："三十二年前，你撒在树下的那批玛瑙是打哪里弄来的，有没有给足人家赏赐？"小言子赶紧跪下请罪："奴婢不敢！太后她老人家当晚就叫了小的去，给足了赏的。况且万岁爷几次南巡，免赋赈灾，重审冤案，别说几块石头，就算供奉再多，想来也是甘愿的。"

乾隆点头。这西湖之畔，葛岭之侧，人杰地灵，所产的哪里是玛瑙这些死物呢？

太平天国听王府

公元 1861 年秋，忠王李秀成再次兵临杭州城下，浙江巡抚王有龄将所有能够调集的兵士全部集中于杭州城上。这几乎已是小小的杭州城的容纳极限，城中但凡还能走动的，都出城避难去了。

王有龄是个文官，能做的不过是不断向江南大营，向朝廷，向曾国藩求援而已，然而曾国藩却并未来援一兵一卒。探子不断来报，李秀成大军已到，李秀成开始攻营，岳坟被攻破，苏堤失守，净慈寺的大钟被融了作兵器了！王有龄束手无策，只抓着浙江提督张玉良连发问："现在更待如何？"张玉良无奈，答："唯有一死。"

不过三天，城外已被荡平，太平军将杭州城团团围住，围而不攻。

那一日，王有龄准备下令，开城门让平民出城逃命，杭州将军瑞昌却坚认不可："城门一开，百姓涌出，敌军就会趁势而入，到时候城破人亡，便在顷刻。"王有龄觉得有理，但想到城中百姓，又不由得有些犹豫，沉吟间，不觉向左右道："请张提督，问问提督什么意见？"半晌无人回应，王有龄惊诧抬头，只见众人齐齐望向他，满眼复杂。王有龄这才省起,张提督昨日已经没了,是被身边人佩枪走火打死的,昨晚咽下了的最后一口气,当时众人都守在身边,悲不自胜。此刻,王有龄竟忘了。

这样拖了几日,李秀成的炮弹都打到城头上来了。走投无路,王有龄咬破指头,写下血书"鹄候大援",派出死士,用绳子缒出城去,飞驰曾国藩求援。眼看死士顺利下城,向远方奔去,王有龄回至屋内,仰天长叹:"当年寒窗苦读,只求官高耀祖,哪知今日,尚不如耕种老农,还能留一条残命,吃一口米粥。"众皆垂泪,知道此番援兵不至,再无幸理。

曾国藩自然袖手旁观,不日城破,王有龄携着一众亲随自尽。

李秀成带着听王陈炳文等人进了杭州城,首先便去了巡抚衙门。王有龄素有官声,是出了名的干吏,于政事上极为老练,若能得他出面平息乱局,杭州当可稳固。到得巡抚衙门,只见大门敞开,空无一人。李秀成和陈炳文暗叫不好,急急闯入,只有王有龄的尸首和一纸"善待百姓"的留书。

即便是誓不两立的敌对两营,李秀成也不免一声叹息,陈炳文则连连顿足:"这样的好官,却怎么为狗鞑子卖命。现在杭州城失了主持的人,可怜了百姓。"李秀成摇头:"事已至此,靠满人的官维持杭州是不成了。我还要继续征战,只有辛苦炳文兄了,你便留在此处主持杭州军务。"

陈炳文听令,带着康王汪海洋、归王邓光明等人镇守杭州。杭州人没有应付战乱的经验,满城乱作一团。陈炳文等人也并不擅政务,只得先带兵压着。

慢慢地,杭州的商会出来支应,维持秩序,恢复民生。不管谁坐了这巡抚的椅子,百姓们总归要吃饭要生活的。

陈炳文则四处寻找合适的住处。他带兵打仗出身,首先要考虑的就是军事安全,在他看来,这巡抚衙门四面漏风,无一处可守,实在不能住。

最后他找到了小营巷内的一处宅院,曾是杭州士绅顾鸾之的故居,占地四亩有余,旁边还有一处篁庵。庵内遍植竹子,修拔挺立。顾鸾之是个乡绅,在杭州多次赈灾行善,因为雅好林泉,就筑屋于小营巷篁庵之右,叠石疏池,栽花艺树。史料记载"中有厅事,轩敞宏丽,纵横可设百筵"。听王陈炳文看中这里地方宽敞,进可攻,退可守,颇有盘桓余地,更兼大厅可召集人马议事,平时还可用于练武。听王武艺高强,平时使一把八十斤的大刀,纵横开阖,需要极为空阔的场地。杭州这座江南小城,处处精雅,好不容易找到这处带有大厅堂的宅院,正好合用。

经过一番查考,此处样样皆好,就是没有制高点。于是陈炳文又垒土作台,设置高座,起造龙亭,登据其上,可俯瞰城景,任何动静都一清二楚。这一改造使本就宽敞的宅院更显大气,使得它完全具备了军事指挥部的功能。听王便高坐此间,摒却风花雪月,坐镇指挥。

不过一年多,左宗棠便带着部分湘军打下了浙江的金华、绍兴等地,直奔省城而来。杭州城再次燃起了战火,已然经历过两次兵难的杭州人民心有余悸,战战兢兢,一时间城隍庙里香火日夜不绝,只盼早日熬过战乱。

只是这一次却与前两次不同,双方足足对峙了一年。

太平天国听王府旧址（今小营巷 61 号）

杭州的春天总是阴雨绵绵，交战双方都甚为烦躁。起先主战场设在富阳，陈炳文带兵出征，已经好久没回王府了。

这日雨忽然停了，太阳躲躲闪闪的，空气又湿又潮又闷又热。听王府的管事正聚在一起闲话，忽然门子一直报进来："王爷回来了！"几人忙忙起身迎了出来，只见听王一脑门官司大步走了进来，无视这几个留守之人的叽叽喳喳，便直上龙亭，拿着望远镜看个不停。管事们见他甲未除，刀未解的样子，便知事情不好，赶紧带着人下去，不敢惊扰到听王。

原来左宗棠忽出奇兵，弃富阳而直奔杭州，派手下水师将领杨政漠率军于杭州闸口强渡钱塘江，一下子杀到了杭州的望江门附近。正驻守富阳的陈炳文措手不及，迅速带兵回援，好不容易才将清兵拒于望江门外，双方重回僵持状态。

陈炳文已经数日不眠，此时满眼血丝，一脸胡茬。亲兵纷纷相劝："听王，目前战事还算平稳，既然回家了，不如先洗个澡睡一觉。"陈炳文也确实支撑不住了，遂下了亭子回到内室。

管事体贴，早已备好热汤，服侍听王入浴。浸在热气腾腾的浴桶中，陈炳文尚不忘政务，问道："我叫你在城中施粥，做得如何了？"管事忙道："听王放心，都做着呢。小人已经联络了城中的商会，他们各出费用，沿着塘河施了许多粥摊。现下里城中秩序井然，请听王放心。"

陈炳文听着城内甚是妥当，不由得松了一口气，不一会儿，随侍的亲兵进来服侍，见陈炳文已经睡去，赶紧轻手轻脚扶他起来，擦干身体，换上干净内衣，将他放在床上，便是昏天黑地一阵猛睡。

次日醒来已是中午，陈炳文怔怔地在床上待了良久，回不过神来。眼看连日阴雨，墙角居然长出了青苔，一只蜗牛缓缓在墙上爬行，拖出一行亮晶晶的痕迹。听王忽然想，自己为天国浴血苦战，不知今后会如何？曾以为大事有望，现在看来却是未必。拼死一战，到底有何价值？可能自己以为如流星划过天际，照亮一时大地，其实在旁人看来，只是蜗牛爬过的一道印子？

亲兵来报说骆国忠来访，他和听王是意气相投的好朋友，也不等通报便直入内室。看陈炳文还在正被人服侍着穿衣，便笑道："听王现在架子大了，连衣服都不会自己穿了。"陈炳文苦笑一声："你不也有亲兵服侍？何必来说我。"两人对视一眼，都从对方眼睛里看到了无奈。

正是午饭时间,骆国忠本来就是过来一起吃饭的。两人在桌边坐下,刚斟上酒,骆国忠便使一个眼色,陈炳文会意,当下叫服侍的亲兵全都下去了,只两人在偌大的厅堂对饮,言不传六耳。据说林凤祥就是被身边侍奉的侍卫卖了的,机密事宜再不能当着侍卫面说。

两人吃吃谈谈,所谈不外乎从两年前就开始说起的,向清兵投降。两年前,他二人和钱桂仁等曾给李鸿章写信,要求投降。谁知有消息传来,李鸿章居然杀俘,这一降岂不是羊入虎口,几人于是决定继续打下去。谁知后来太平军又占了上风,这一战又是两年。

现在左宗棠兵临城下,这几人又开始动了归降的心思。两人密密商议着,该如何保全自己的荣华富贵。陈炳文叹息道:"我本是个跑堂的出身,两条胳膊上架碗走惯了的,练出了两膀子力气,这才有了这番出息。再往上走,怕是也不能了。"骆国忠深有同感:"都是苦哈哈的出身,都保住性命就算万幸了。"陈炳文环顾厅堂:"往上论祖上八辈儿,我家都没人住过这么好的屋子。洗澡有人帮着搓背,起床有人帮着穿衣,吃个饭都有人把筷子递到手里。我这是把下辈子的福气,都享受尽了。"骆国忠也言道:"这屋子真好!打了这几年仗,终于住上好屋子,也是该的。"

两人商量定了,就准备分头联络要好的将领一起降了,正好钱桂仁也驻守在杭州,正可一起。哪知有人走漏了风声,被太平军余杭守将汪海洋察觉了。此人极是忠心,看军心浮动,谣诼纷纷,遂用雷霆手段抓了几个串联最凶的,其中一个,正是陈炳文的弟弟。

那天深夜,钱桂仁趁黑摸到听王府,和陈炳文商议:"汪海洋抓了你的弟弟,你看他是不是知道了?"陈炳文却满不在乎："他知道了又怎么样，他的官还没有我大呢。这时候也只能抓抓我弟弟，若是动了我，杭州大乱，明天就该丢了。"钱桂仁道："也是，动我们，他是没有这个胆的，只是大事不谐，现在又动不了了。"陈炳文长叹道："时机未到。看机会吧。"

太平军和清军在城里城外对峙了好几个月，左宗棠终于等来了常捷军的增援。这支军队是受法国人训练的，军备极为先进，训练有素。九月，这支部队从另外的战场上抽身出来，重新修整后驰援杭州。一到达战场，常捷军就立下奇功，迅速轰开富阳城，又往杭州而来。

这是真的要动真章了！陈炳文在龙亭上思索良久，传下军令："汪海洋镇守余杭。邓光明与我一起守杭州城。"接令之后，汪海军即刻前往余杭，将杭州城留给了听王。

十月初七，蒋益澧和德克碑指挥着湘军和常捷军向着钱塘江边的太平军阵地发起了进攻。美丽的西子湖再次陷入了残酷无情的战火之中。

十月初八，湘军占领了六和塔和万松岭等地，已经可以俯瞰杭州城了。

十月十八，归王邓光明率领万余将士对万松岭发起了反击，经过一天的激战，太平军失利，邓光明也被打伤，被迫撤军。

随后，蒋益澧率军向着雷峰塔、馒头山、南屏山等处发起进攻。太平军顽强抵抗，湘军迟迟不能得手。

不过，常捷军的炮火还是管用的。在猛烈炮火的打击下,太平军在西湖边的阵地逐渐地慢慢失守。十二月底,左宗棠亲临前线指挥作战。到了1864年1月,太平军在杭州外围的阵地丧失殆尽,只能依托城墙进行防御了。

在余杭的汪海洋着实是一员猛将,经常派兵增援杭州,袭击湘军的后路,且清兵拿他无可奈何。

如此又胶着了三个月。从三月开始,常捷军在馒头山上设置了炮兵阵地,对着杭州的城墙狂轰滥炸。不少炮弹飞过城墙,落在了城里,炸死了不少无辜的百姓。

狂轰滥炸将近一个月后,杭州凤山门附近的城墙终于被轰塌了数丈。眼见清兵从缺口冲了进来,听王早已出府将兵,向敌军迎去。他向着太平军大呼:"彼洋枪队利击远,吾当肉搏以驱之。"进入肉搏战后,炮弹洋枪不再有用,清兵生生被太平军杀退。陈炳文浴血奋战,勇不可当,保住了凤山门。

过了几天,清兵又进攻武林门,陈炳文仍是赤膊上阵,挥舞大刀,血战到底。清兵又被逼退,左宗棠无比懊丧。

那一晚,双方都战至疲惫不堪,再也没力气再战。陈炳文回到听王府,独自坐在龙亭上,一时不知如何是好。

战,已是困兽之半路。降,内有汪海洋虎视眈眈,外有李鸿章苏州杀降。守,几处城门皆破,失城只在早晚之间。何去何从?

再看看自己府里,所有管事仆佣全都散尽,只余几个侍卫在打理。偌大的院子荒草丛生,以前秀丽的竹林现在枝乱叶散,不胜凄凉。本来府边还有左邻右舍,商家店铺,这仗一打起来便都跑了个精光,整条巷子冷冷清清，凄凄惨惨。到处都是破屋残瓦，哪有当初繁华天堂的气象。

陈炳文摸摸自己的臂膀，这两条膀子有千斤之力，万夫之勇。靠着它们，自己才能住个这么好的宅子。只是得财易守财难，这膀子能创业，却又不能守业，眼看这宅子，在自己手里是破败了。这仗，是真的打不下去了，只是又该怎么办呢？

想到这里，陈炳文很是难过。他又拿起望远镜，往城边和城中望去。忽然他一个激灵，凤山门外，竟然没有清兵把守！被炸坍了的城墙外面，人迹全无，清兵都聚集在另外九个城门外。看样子清兵是认为这处城墙已经坍了，没什么可守的了。

这正是大好机会！陈炳文站直身子，环顾四周，这所大宅子，终究不是长居之地啊！他感慨一声，迅速召集手下兵士，当夜便从凤山门突围而出。

他刚从听王府出发，左宗棠便已接到线报："听王果然夜行。"过了一阵子又有线报："听王带人往凤山门方向去了。"左宗棠急令："千万不可惊动！"再过一阵："听王已带人出了凤山门。"左宗棠这才令人："进听王府！"夜幕中，一行人摸进听王府，只见里面空空如也，花折枝倒，竟如鬼宅一般。听了回报，左宗棠不禁冷哼一声："土包子！这样好的宅子竟被他糟践成这个样子！"身边谋士谀辞如潮："大人英明！那陈贼果然入套，竟和大人设计的一模一样！不战而屈人之兵，真乃神算也！"左宗棠一笑："我留一处城门予他，就是叫他逃命。不然你瞧，前日在武林门，那贼子做困兽之斗时，何等绝望，竟伤了我这许多精兵！"

陈炳文并不知左宗棠算计，只道天网恢恢，独漏一处。

第二天，杭州老百姓起床，发现已是满街清兵，城内又已易帜。

短短的四年时间里，杭州经过三次战役的洗劫，昔日的江南天堂面目全非，杭州的名胜古迹、官府衙署、平民茅舍都遭到了严重的破坏，几乎没有留下一处完整的建筑群落。

听王府亦不例外，大好宅院，几与鬼宅相似。院宇无言，见证历史。

清吟巷里老宰相

公元 1908 年，已然摇摇欲坠的大清王朝迎来了强烈的震荡，太后与皇上接连去世。

消息传到杭州，同样是风烛残年的王文韶放声大哭，披麻戴孝，长跪于老佛爷与皇上的画像前，痛哭流涕，终日不起。

加急邸报刚到，王文韶一听说皇上没了，就晕了过去。刚醒来就见到第二份急报，是太后过世的消息，又晕过去一回。杭州城里的各大名医齐聚五蝠堂，汤药针灸推拿各种法子一齐上，总算是将老太爷弄醒了。一睁眼，王文韶就看到床前一盆紫红色的菊花，登时大怒，两个主子都没了，竟然还没有全府换白！

几个儿子都挨了骂，赶紧吩咐下去，满府皆白，连烧火婆子都扎上了白布条。府内一眼望去只有黑白二色，连天井里的红鲤鱼都给舀了出去。王文韶自己不顾十月天寒，披上麻衣，戴上孝帽，哭得情真意切。

此是国丧，曾任体仁阁大学士、文渊阁大学士、武英殿大学士，早已官至极品的王文韶伤心欲绝，恪尽国孝之哀。这既是臣子尽忠之本分，亦是仁者对知遇之报答。老先生哀痛逾常，茶饭不进，悲哭终日，晚上也不肯睡觉，只是长跪捶胸。

家人不禁惶恐，老太爷毕竟年近八十，读书人平日里身子骨并不健壮，七十岁那年闹洋兵，为了赶去护驾，一路惊惶辛苦，伤了根本，一直没能缓过来，现在如此折腾，怕不会是……

王文韶哭到第三日，早已头晕眼花，软瘫在地。家人在地上铺上了厚厚的褥子，王文韶就软瘫在上面，老泪长流，哭得目不能视，口不能言，只是不断比画着，嘴形一噘一噘，似在说着什么。老太太已经过世，谁也搞不明白他要什么。儿子们在他面前跪成一排，急得不行。忽然，王文韶将枯瘦的手伸出来，一把扯住了小儿子身上的绦子，拉着便往下挦。那绦子上系着个鼻烟壶，小儿子慌忙解下，奉到老父亲跟前："父亲可是要闻鼻烟通气？"王文韶却使劲一推，将那鼻烟壶直掼到地上，又伸手去摸绦子。

二儿子平日照顾父亲最多，此时福至心灵，突然省悟："父亲可是要玉？"王文韶松一口气，点点头。王文韶平时有聋疾，还时常在朝堂之上装聋作哑，但凡有难决之事，便以手张耳："啊？啊？你说什么？"这时却半点不聋。众人恍然，赶紧去五蝠堂，请出一直供着的"脱胎玉"。

这玉原是羊脂玉，却在墓中浸润千年，几次被起出来，又几次随主入棺。最后出土时，被血沁得通体晶红，宛如血精灵，质地温润无比，色泽独一无二，自带千年精华，被摩挲得贴肤贴心。这东西原是老佛爷的爱物，老佛爷平时常常将它浸在水里，一大缸水能被它映得通红，又时常拿在手里把玩个不够。

义和团那会儿，老佛爷气不过列强横行，一气儿和八国开战。王文韶这样的持重之臣自然是反对，老佛爷受了忤逆差点要砍他脑袋。然而不久八国联军就攻进北京，义和团自然不顶事，慈禧束手无策，一天之内五次召见军机大臣议事。来的人一次比一次少，最后一次，只有王文韶一人前来。君臣相对落泪，决定出京暂避。

临走万事匆忙，慈禧怜他老迈，又是文臣不能骑马，允他随后赶来。谁知越走朝臣越少，连跟着的都躲了。到了怀柔，眼看随从越散越少，王文韶这个七十岁的老臣却遵守前约，赶了上来。这一路追赶，风餐露宿，连滚带爬，狼狈不堪。慈禧眼见这个平时圆滑的臣子此时却一身泥水跪在自己面前，口称"护驾"之时，不禁大为感动。出走仓促，身无长物，只带着这块最心爱的脱胎玉，便摘下赐给王文韶，以彰奖他的忠心。

这块玉，见证了君上的恩义，也是臣子忠心不二、大节不亏的象征，更是对王文韶一生行事的嘉奖，对于他是最珍贵的东西，也被他供在家中最重要的地方。

有老太爷在前表率，众儿孙不敢不随。王家人丁兴旺，堂下乌泱泱一片，按国丧的礼节按时打响云板，司仪拖长了声音唱赞。

三天下来，打云板的都换了好几茬，司仪换了几个，连照管香烛的小丫头都轮了不知几班了。只老太爷坚决不肯休息，跪在他身后的儿孙早就坚持不住，有让长随代跪的，有偷偷溜号的，还有借口操持事务出去了就不再进来的。

堂上的人越来越少，但王文韶不知道，此时的他已经不知天地为何物，眼睛红肿得睁不开，胡子上糊满眼泪鼻涕，喂他参汤都喝不下去了。

府上又来了大批医生，这一次，群医束手，回天乏力。谁也无法救治一个不想活了的老人。

王家慌了神，赶紧派人去寺庙道观里请人。素日老太爷但有不适，总是先叫人去请大和尚和老神仙，来了谈谈笑笑，烧几炷清香，供几盅清水，便会神清气爽，烦病全消。

管家慌慌张张去了慈云寺，住持大和尚却去天台云游了。看门的小沙弥一见王家管事，还未等对方开口，就站起来说："施主请稍等，我去唤师兄们，东西都准备好了。"王管事莫名其妙，又隐隐觉得不好，勉强笑道："小师父这话，我怎的听不懂？"小沙弥憨憨地说："大师临走前说了，看到你来了，就是贵府要做法事了，让我叫上师兄们同去。"管事越发心寒："什，什么法事？""超度法事啊！"小沙弥一脸理所当然。管事欲发脾气，又不好生气，只得拂袖而去。

到得城隍山上道观里，老神仙也不在，居然也去天台访仙了。管事又急又怕又恼，站在观前脸上一阵红一阵白。这观内的小道士却是个机灵的，赶紧端了茶，又请坐，还在管事背上一阵拍打，帮他顺气平息。待管事缓过气来，小道士这才缓缓说："神仙说了，有关你家老太爷的命数，他早就算准了。流年条子就放在你家老太爷书房的暗格里，请你家大爷拿出来看，也好安排。"看看管事脸色，小道士又劝道："你家几位爷都好出息，当年老太太的坟也是老神仙帮着看的，再没有错的。放心。"管事一想也是，自家并不是那种光靠老太爷吃饭的人家,家中诸事妥帖,自己这碗饭仍是端得稳稳的。当下长出一口气,告辞下山。

回到家中,老太爷仍坚持在堂上尽国孝,但已是有出气没有进气了,喝口水都要吐一半。管事将情形说了,王家大爷立即叫齐另外四个兄弟,五人一起到书房里,启开暗格,果见一张洒金的大红命帖,上面墨字批着王文韶的流年。

五个儿子什么也不顾不上,先看最后一行,只见上头清清楚楚写着:"猴闹单春,遇白而销。"今年正是猴年,且是单春之年,再抬头一看这满府的白,还有什么不明白的。五个儿子面面相觑,半晌,长子转头吩咐:"可以准备起来了。"

众人再细看这批命,只见上头一行大字:"足斤足两,善始善终。福寿禄气,五蝠照门。"一细想,果然如此。王公不过酱园出身,幼时当伙计,耍赌钱,浪迹市井。正当少年心性时竟能幡然醒悟,潜心向学。更奇在一入学便勇猛精进,似有宿慧。之后屡遇贵人,科举入仕皆顺风顺水。入了军机后更是左右逢源,八面玲珑,任外面风高浪猛,始终屹立不倒。凡有凶险皆避过,凡经世事皆顺利,位极人臣竟能全身而退。又生下诸多儿子,一身荣华富贵安享到老,荫及子孙。这样的福气,放眼朝堂,竟无第二人可比。

王家老三才高博学,最是玲珑心肝,看着这句批语,不由长叹一声:"父亲好命,儿孙享福。先帝、先太后前后崩殂,父亲也随之而去,这份忠心,天地可表,我们做儿子的,焉能不知感恩!"兄弟几个心知肚明,默默点头。当世风雨飘摇,大厦已倾,父亲因尽国孝而故去,无论谁家天下,都会颂一声"忠臣"。

王文韶大学士府

其实并没有什么可准备的,满府连人带家具早都着了白,哭堂也是现成的。棺材早三十年前就准备好了,每年上一层老漆,放在宗祠里。坟地是老神仙早就选好了的,老母亲已经下葬,就等着合葬,一切都是现成的。老三拟了一份白报,老大拟了个唱喏单子,几个兄弟分领了事务,又交代了下去。

那头继续熬了浓浓的参汤，想给老太爷喂下去。只是王文韶已经咽不下东西了，参汤顺着胡子一路流下来。医生们纷纷告辞，只说"请节哀"，王家兄弟们也不勉强，备了厚厚的诊金送回医堂。

又撑了几天，王文韶在孝堂上咽下了最后一口气，死前一句交代都没有，竟是活活哭死在了先帝和先太后的灵前。好在早有准备，家中诸事妥帖，并无可交代之事。当下云板响起，一身孝麻的家人四散报信。

清吟巷的宰相府办丧事了！宰相王文韶死后要出殡了！杭州城里争相传说，自清吟巷相府经江墅路，出凤山门，仪仗绵延十余里，万人空巷而观之，甚至有从外地专程来观看的，这可是晚清时期杭州出过的最大的官儿了。

这也是不少人第一次见到宰相府的排面：进入府门就可看到蓝底金边蟠龙的"太子太保大学士第"的匾额；厅堂上挂满了"重访泮水""重赴鹿鸣""松茂柏悦""兰馨松盛"等匾额题对，还有"退圃园""藏书阁"等大小厅堂楼阁、花园天井数十个。

众人一边看，一边议论纷纷，杭州人说王文韶是"油煎枇杷核儿"，慈禧说他是"琉璃球"，都是说他八面玲珑，处处圆滑，为官处事，一向滑不留手，遇到难事，还擅长装聋作哑。他凭着这一手本事，无论政坛时局如何大风大浪，都安然度过，最后善终于家中。然而无论平时如何，大节他却从未疏忽。无论是忠于君，还是忠于事，王文韶都如脱胎玉一般，举世无比。

王文韶中年读书，见先祖写道，杭州老家中曾出现五只蝙蝠，绕堂不去。当夜便梦到一间大屋，五只红色蝙蝠绕梁而飞，而后按五星之位隐入地下。之后便有红色漫出，满屋子红光普照，彤然晶莹。

他醒来后恍然大悟，原来杭州才是王家中兴之地，当年搬离杭州，从此家道中落，必得搬回祖地，方能家族兴旺。王文韶本是个干员，想通此节后立刻回杭州寻址建屋。他遍访道观，找到真仙，定下了清吟巷的方位，耗巨资建造了大宅，还在宅边上造了一所藏书阁。

大宅有几十个院落，最要紧的自然是五蝠堂。堂上雕着五只蝙蝠，漆成红色，作绕梁飞翔状。后来被赐了脱胎玉，将玉供在堂前，夜里玉身隐隐红光，正应了五蝠红堂之梦。

王文韶一生为官四方，能在清吟巷中居住的时间不多，但这却是他的祖地、福地和归地。

马坡巷中病梅花

杭州马坡巷中有一处龚宅,这是杭州的老住户了,已经居此将近四百年。龚家几代都有子弟中举,是正儿八经的官宦世家。

那一年,寓居苏州的段玉裁收到老友王念孙的拜帖,言道七日后将从高邮来访。这两人都是乾嘉学派的大宗师,书信往来不绝,若得便利,也会常常互访。段玉裁腿脚不太方便,王念孙来得更多些。这原是常事,段玉裁接帖便吩咐家人准备接待客人。

七日之后,王念孙果然按期到来,满面春风,见面便是一个长揖:"恭喜恭喜。"段玉裁莫名其妙:"喜从何来?你便是那喜?也好,今日我守株待兔,正好将你烤烤下酒。"两人相视大笑,携手入内。王念孙坐下,略作寒暄,便单刀直入,问道:"段兄,你可有一个龚姓弟子?"段玉裁点头:"你指的可是龚丽正,此子可教,正是我的入室弟子。怎么?"王念孙满脸堆笑:"照说由我来讲这事不够格,只是受人之托,好歹要来试试。我是来做媒的。"

段玉裁何等聪明:"龚老爷倒老成,居然找到了

龚自珍纪念馆

你。"王念孙笑道："我就是来打个前站，若你应了，自然三媒六聘，叫丽正那小子提着大雁来。"段玉裁不禁失笑，龚丽正是自己看好的入室弟子，是自己亲自教导出来的，自然是好的。得意门生家中情况他也知之甚详，何止是清白人家，那是仁和县的世家，配自家女儿再没有不够的。

龚家老爷龚褆身，那也是两榜出身，官至内阁中书军机处行走，著有《吟朦山房诗》。他官身忙碌，不像段玉裁那般专心学问，但于诗书一道却无有不通。他将儿子送到段玉裁处拜师，自然对段玉裁的人品学问是百般信任。现下要为家中娶个未来的宗妇，乃是家族大事，龚褆身反复衡量，忽然想到段玉裁有个女儿，不但年纪正合适，而且知书达理，素有贤名。正好他与王念孙有几分交情，便赶紧写信，求王念孙前去提亲。

此事顺理成章，段玉裁的女儿段驯便如此顺利地嫁入了龚家，从苏州来到了杭州马坡巷。段驯不仅贤良淑德，肚子也十分争气，进门不久，便生下一个儿子。书香人家的孩子，生下来难免金贵些，全家对这个孩子都期许甚高，既希望他能够继承龚家的门风，又希望他可以发扬段家的体统，还希望他身体康健、行事端庄。龚禔身遂为这孩子取名龚自珍，但望他善自珍摄，有所作为。

龚自珍的祖父及叔祖、父亲和叔父都是两榜进士出身，龚氏一门在北京政坛留下三个佳话：其一，龚自珍的祖父兄弟二人同朝为官，时号"二龚"；其二，龚自珍的祖父、父亲都曾做过军机处章京，即军机大臣的助手，有"小军机"之称，有清一代，父子二人先后同为军机处章京的，此为第二例；其三，龚丽正兄弟二人不但同朝为官，且同时做过主考官，一时天下举子皆为龚家门下。

龚自珍的父亲龚丽正，在中得第五名举人的第二年即考中进士，号称"连捷"，著有《国语注补》《三礼图考》《两汉书质疑》《楚辞名物考》等书。他除了做京官，还担任过徽州、安庆的知府，最后擢升为江南苏松太兵备道，手握东南赋税之地的军政大权。龚丽正还和林则徐一起被道光皇帝召见，问策天下。

龚家仕途一帆风顺，段家乃是学问正宗，这两家联姻所生出来的孩子，从一开始便被寄予厚望，众人也自然而然觉得这一定是杭州城中的又一个神童。的确，龚自珍从小便显露出异于常人的读书天赋，过目不忘，出口成诵。

只是龚自珍身体一直孱弱，尤其睡眠不佳，自小稍有惊动便会哇哇啼哭。每晚都要扎在母亲怀中，在母亲的安抚之下才能入睡。马坡巷极为幽静，本是居家读书的好去处，然而龚自珍年岁稍大，便总在傍晚时分听到有幽咽的笛声。夕阳西下，笛声凄恻，幼小的龚自珍便会神魂不定，满心惊惶。然而旁人却怎么都听不见这笛声，每当小自珍闹起来，母亲便会派仆妇出门去找吹笛子的人。只是满巷寂静，仆妇连笛声都听不到，哪里又能找到吹笛之人。

成年以后，他写了一首题为《冬日小病寄家书作》的诗作，其中便写道："黄日半窗煖，人声四面希。饧箫咽穷巷，沉沉止复吹。小时闻此声，心神辄为痴。慈母知我病，手以棉覆之。夜梦犹呻寒，投于母怀中。行年迨壮盛，此病恒相随。饮我慈母恩，虽壮同儿时。……"字里行间，满满都是对母亲的依恋，也写出了一个敏感多思的形象。这般年纪的孩子，只知道吃睡玩耍，龚自珍却仿佛天生有着诗情，对着世界有着特殊的感知，小小年纪，便能听到旁人所不能闻之声，有着旁人所不能感之情。

马坡巷中，母亲不但抚慰着龚自珍那与众不同的心灵，也拿着外祖父写的《说文解字》，亲自教他识字、句读、作诗，为他讲授吴伟业的诗歌，示范流畅妍丽的梅村体。也许每一个神童后面，都有一个伟大的母亲。祖父娶段家女的决定，实在是高明。

等龚自珍长大一点，身体结实了之后，母亲便送他去外祖家，由外祖父亲自教导学业。母亲将他教得极好，他又那么聪慧灵动，自然很讨外祖父的喜欢。外祖父尤其欣赏他所写的诗词，说他"治经史之作，风发云逝，有不可一世之概"，判定这又是龚家一个前程远大的后代。因为实在太过看好龚自珍这个外孙，段玉裁又将次子的女儿段美贞许配给了龚自珍，结成了姑表亲。

定下亲后，表兄妹各自在家。到了年纪，龚自珍便和自己的父亲当年一样，从马坡巷出发，去苏州迎娶段家的新娘。两地并不远，表兄妹又本就相熟，也不陌生。

大家闺秀，本就要落落大方，小家碧玉才羞羞答答，一路上两人相敬有礼，甚是相得。

到得马坡巷口，龚家早有准备，见新人远远过来，便鞭炮齐鸣。按礼仪一步一步走来，段家这一代的新娘子又迈进了龚家的大门。只见龚自珍的父母高坐堂上，段美贞从盖头下只能看到龚家大堂的青砖地已经被磨得微有凹坑，精光锃亮。这就是世家啊，毕竟，龚家已经在此住了四百年了。

段美贞什么也看不见，只是被人牵着行礼，但是她听到姑姑轻声对她说："不要怕，都这么过来的，有我呢。"这是她的亲姑姑，外祖最宠爱的女儿，也是她的婆婆，她丈夫所最依赖的人。她还有什么可怕的呢。

第二天一早，段美贞早早就起来了。这时天还没有亮，她已经按规矩起来，前去正房给翁姑请安了。婆婆起得也早，见美贞过去服侍，赶紧叫她过来，端详半天："贞儿这么大了。家里可好？"美贞含着泪答："家里都好，祖母还让我带了许多吃食来，都是姑姑爱吃的。"婆婆闻言也不由得泪盈于睫："嫁了人便是这般身不由己。现在我们都已是龚家的人了，再回家，也不知是什么时候了。"姑侄俩人不由得相对而泣，段驯的陪嫁婆子一看情形不对，赶紧上前打岔："这是怎么了？大喜的日子，新嫁娘掉金豆倒也是常事，当婆婆的怎么也掉起泪来了？"段驯这才赶紧收泪，拉着美贞的手，用下巴点着陪嫁婆子说："这是跟着我从苏州过来的，现在嫁给老爷的长随了，是我们内府的管事。样样事情，她再没有不知道的，只是被我惯坏了，没大没小的，你若要个什么，或是想行什么事，只管找她。"婆子忙上前行礼："请少奶奶安。少奶奶的陪嫁人，老奴昨儿个已经都招呼过了。大家都这么过来的，没几日就都熟了。"美贞看着这利落的样子,心下稍安。祖父既将自己嫁进了龚家,与姑姑成了婆媳,想来这龚家必是好的。有姑姑关照,这日子也不会太难。

按杭州习俗,新娘子嫁过来的第一天,要洗手做羹汤。婆子带着新娘子到了厨房,一切齐备,美贞只需要拿着铲子略加示意即可。段家的女儿作诗是一流的,做饭么,自有下人。

新婚的日子极为甜蜜,婆婆亲切,丈夫体贴。小夫妻泛舟西湖,龚自珍为此写了一首著名的《湘月(天风吹我)》:

天风吹我,堕湖山一角,果然清丽。曾是东华生小客,回首苍茫无际。屠狗功名,雕龙文卷,岂是平生意?乡亲苏小,定应笑我非计。　　才见一抹斜阳,半堤香草,顿惹清愁起。罗袜音尘何处觅?渺渺予怀孤寄。怨去吹箫,狂来说剑,两样消魂味。两般春梦,橹声荡入云水。

此中销魂滋味,童年回忆,梦乡归处,不足为外人道也。

结婚没多久,新娘子发现龚自珍对母亲极为依赖,每日必去母亲房内承欢,将一日见闻说个不休,外人不在时还会时常撒娇,便笑他:"表兄的朝堂之志呢,我怎看你像还未断奶的囡囡。"龚自珍哈哈一笑:"我母亲不但生我,且养我、护我、教我、爱我。这是外祖教得好,想来以后我们的孩儿也会这般依赖于你。"

婚后,龚自珍北上科考,将新娘留在了父母身边。当时,龚自珍的父亲正在徽州任上,段驯便带着新媳妇一起住在徽州府衙内。不久之后，龚自珍便接到家中来信，说道媳妇已经怀孕，只是怀相不好，很是辛苦。龚自珍知道自己在母亲腹中之时也很会折腾，让母亲吃了不少苦头，还与朋友道，这恐怕又是一个特立独行的小崽子。

哪知半年后忽接家书，说美贞已经因病去世，原来她并未怀孕，不是害喜，只是病了。可恨庸医竟误诊为滑脉之相，一直当作怀相不好养胎，生生错过了治疗时机，竟至不治。

龚自珍大为伤心，本来段家与龚家两代联姻，自是一时佳话。自己的母亲是何等温柔有礼，知书爱子，想来美贞也是如此。谁知现在竟落得这般结局。

仅仅一年多便恍若隔世，科举失利，爱妻溘逝，伤痛之事接踵而来，睹物思人，令他心头积聚了无限的伤感。龚自珍独自倚栏观花，从牵牛花的瑟瑟凉痕，秋天的寒意，星月的惨淡，联想到牛郎织女别离时的滴滴眼泪，仿佛将自己与爱妻的生死离别、科场失意，全都融进了诗词之中。他的《减字花木兰·咏牵牛》写道："阑干斜倚，碧琉璃样轻花缀。惨绿模糊，瑟瑟凉痕欲晕初。秋期此度，秋星淡到无寻处。宿露休搓，恐是天孙别泪多。"

清嘉庆十九年（1814）三月，龚自珍护送妻子的灵柩回到杭州，存放在湖西的茅家埠。办完丧事，龚自珍又一次泛舟湖上，只觉山河依旧，却人事全非，当年夫妻共游的快乐时光，依然历历在目，不由黯然神伤，写下了《湘月（湖云如梦）》："平生沈俊如侬，前贤倘作，有臂和谁把？问取山灵浑不语，且自徘徊其下。幽草黏天，绿荫送客，冉冉将初夏。流光容易，暂时着意潇洒。"词中笼罩着一种挥之不去的感伤和忧患。

再过四年，龚自珍又回杭州，参加了浙江乡试。这次的考官对他的文章非常欣赏，写道："规锲六籍，笼罩百家；入之三寂而出之沸，科举文有此，海内睹祥麟威凤矣。"龚自珍终于高中第四名举人。

清道光三年（1823），龚自珍至敬至爱的母亲在苏州病逝，龚自珍从北京回来，扶棺送母回杭州入土为安。一生酷爱梅花的龚自珍在母亲的墓边种下五株品种不同的梅花，以示哀思：便让梅花代替儿子陪着您吧。

之后，龚自珍便在墓边结庐守丧，每日与僧侣们交往，替母亲做道场祈福。佛学中天台宗的教义与他的思想最为投契，乔松庵的大和尚慈风法师是修天台宗的，龚自珍便拜他为师，常常坐在庵内，与大和尚谈经论法、喝茶修佛。杭州人在吃笋上最有心得，龚自珍也从小爱笋，庵中素食，他也吃了不少。

龚自珍一生所写的诗词，都难脱杭州的行迹。虽然他在杭州待的时间并不算太久，然而幼时居住所产生的影响是极其深刻的。那个小小的，在自己所能听到的笛声中呜咽的小男孩，一直在他的身体里。在杭州所写下的《咏史》篇里，他写道："金粉东南十五州，万重恩怨属名流。牢盆狎客操全算，团扇才人踞上游。避席畏闻文字狱，著书都为稻粱谋。田横五百人安在，难道归来尽列侯？"他又听到了旁人听不到的声音。

清道光十九年（1839），龚自珍时年四十八岁，他的堂叔龚守正升任礼部尚书。按清廷制度，龚自珍必须"引避"，意思是同一部门至亲一起任官，位阶低的要回避，以免徇情枉法。这时，龚自珍的老父亲也已七十三岁高龄了，他索性向朝廷请辞，回到家乡。

这是他一生中最为轻松的时光，几乎天天与湖山为伴，"一秋十日九湖山"。不过做惯了学问的人，总也免不了思考问题，他写道："浙东虽秀太轻孱，北地雄奇或犷顽。踏遍中华窥两戎，无双毕竟是家山。"杭州之所以是最美的地方，不为别的，只因为这里是家啊！

回到杭州，龚自珍立即去母亲坟上扫墓，自己多年未能在慈母墓前尽孝，他惭愧地写道："千秋名教吾谁愧？愧读羲之誓墓文。"

爱梅的龚自珍还常到西溪观梅，由此写下千古名篇《病梅馆记》。梅花要自由地生长，读书人亦要有真性情。

他还去钱塘江边观潮。出候潮门，到江边，看人潮涌动，潮起潮落。龚氏一族能够在杭州这样的地方历四百年而不衰，实在值得骄傲，正是："家住钱塘四百春，匪将门阀傲江滨。一州典故闲征遍，撰杖观涛得几人？"

今天杭州城中许多老房子与老故事一起，都已经湮灭于历史的尘埃中，马坡巷的小米园内，却矗立着龚自珍纪念馆，这个家族，真的了不起。

一代儒宗出老街

杭州余杭塘路上,有一处坐北朝南的房子,共四进一弄,由轿厅、正厅、内堂、书房、避弄等组成。常有一个脑袋大大、身子小小的孩子走进走出,他一本正经,穿着小长衫小马褂,背着手走着,俨然一个老学究。

大家都知道章家这个神童,知道他少年老成,也知道他的种种奇事异举。每当他上街,便会引来许多大妈大伯的逗弄。这孩子却向来鼻孔朝天,理也不理。街上书塾的夫子总说:"这便是有宿慧的样子。你们别看他小,他肚子里的学问是上辈子带来的。千万不要小看他,以后可不得了。"夫子的话自然人人都当回事,但是看到他摇着大头,晃着小身子的样子,每次还是忍不住要上前和他搭话。若按夫子的说法,万一以后这孩子成了不得了的人物,那岂不是满街都可沾光,说起来,我小时候还扯过他的辫子哩。

"章家少爷,你今天上哪里去呀?怎么又一个人出来了?"街口杂货铺的阿婆看这孩子眼看就要走到河埠头了,赶紧拦着他问。年方六岁的章炳麟头一昂:"父亲命我出来打酒。"边上的人一阵乐呵:"酒铺就在你家隔壁第三家,你又走过了!""噢!多谢各位父老指路。"

章太炎故居

小炳麟像模像样一拱手，向横岔路走去。阿婆赶紧把他拉回来："走这边啦！这才是你刚走过来的街，往回走，就看到酒铺了，再往前走三家，就是你家。记住了？"

小少爷有点迷糊，但还是斯文有理地行了礼，按阿婆指点的路往前去了。路上的人都是又好笑又好气的模样，绣铺里的三娘子连连摇头："按说六岁了，都能自己出门玩耍了。这章家公子倒好，至今连自己家都不认识，一出门就迷了，没一次能自己走回去的。"茶铺老板阿兴往街上泼了些茶渣："无妨，街就这么点长，余杭就这么点大，他能迷到哪里去，自然次次都有人送他回去的。"

小炳麟糊糊涂涂地在街上走，背着手不知在想些什么。忽然他停了下来，抽抽鼻子，四处张望，最后准确地在阿四的摊子前停了下来。阿四是卖炸臭豆腐的，每天下午出摊。阿四的摊边上是阿三的摊子，卖春饼的。阿三阿四配合，卖的正是臭豆腐春饼。春饼轻薄柔韧，中间夹上刚出锅的油炸臭豆腐，再加上辣酱和甜面酱，乃是小街一绝。此刻阿四正忙忙碌碌地支摊子，将油烧热，一边吆喝着："头油臭豆腐来了，头道油，外面酥里面糯，香得嘞！"

小炳麟站住，将头凑近过去看，阿四赶紧把他拦住："小少爷，小心油泼了脸，这我可赔不起。我要下豆腐了，小少爷站远一些。"小炳麟不理，又绕到摊子边，把鼻子贴上臭豆腐，深吸一口气，很肯定地说："是臭豆腐。"阿四好笑："我阿四卖臭豆腐卖了二十年了，这不是臭豆腐还能是啥？"阿三在边上摇头："这章家小少爷眼力不好，站在对面，他都看不见你是谁，这臭豆腐他哪里看得到，都是靠闻的。"

阿四看他站着不走，问道："少爷可是要来一份？"小炳麟点点头。"还是不要春饼，只要臭豆腐，辣酱油面酱都要，炸得嫩一点？"小炳麟又点点头。"还是五块？"这次小炳麟很肯定地说："要六块。我六岁了。""哈哈哈，好嘞，马上就好。"油热了，六块臭豆腐下了锅，刚沸了两沸，就被捞了起来，摊在油纸包上，加了两种酱，递了过来。小炳麟凑近看了看，一脸满足。

章家小少爷爱吃臭豆腐是远近闻名的，越臭越好，不喜欢炸的，爱吃蒸的，生吃最好，可惜阿妈拉着不让。因此给章家小少爷的臭豆腐，只要下锅略沸就好了，炸过了他是要发脾气的。阿四朝小炳麟身后看看："我的小爷，今天你怎么一个人出来了，跟着你的人呢？"小炳麟老实回答："今天爹爹不许人跟着我，叫我一个人出来打酒。"阿四见他没有听懂，无奈只得说明："那谁帮你付豆腐钱呢？我这儿可不白吃啊！"小炳麟很欢喜："我有钱。"说着放下油纸，从口袋里郑而重之拿出好几个银角子："都给你。"

阿四一看，吓了一跳："这么多！我可不敢拿，一会捉将官里去。这么多你在这儿吃一年都够了。今天还没开张，我这也找不开啊，这可怎么好？"小炳麟颇不耐烦："嫌多你就少拿一点。"阿四只得说："下回一起结。"

吃完臭豆腐，心满意足的小朋友继续往前走。阿三赶紧上前把他拉住："小少爷啊，你刚才不是说阿爹叫你去打酒？酒铺在那头。"说着把他的小身子扳了一个圈，转到正确的方向，指着几步外酒铺的招牌："喏，那边，插着一面三角杏黄旗的就是。"小炳麟眯着眼睛看了半天，点了点头。

阿三阿四眼看他背着手，慢慢地踱着步子，踱着踱着，又走过了酒铺，径自往前去了，不由得连连跌足，在后面大呼小叫。酒铺老板早就接到消息，章家小少爷要来打酒，早早候着了。眼看他走过去走过来，就是走不进铺子里，这时也急了，亲自跑出来拉住："我的小爷！这家这家！你到底进来还是不进来？"小炳麟大喜："原来在这里！"又把那几个角子摸出来："阿爹说打酒。"酒铺老板看看小手板里几个银角子："这是要买什么酒？这么多，买几坛都有富裕，你一个人怎么抱得过来？"又叫伙计："去，到隔壁章家问灵清。"伙计甚是伶俐，赶紧跑去，一会儿回来，说得清清楚楚，又将所要之酒送了过去。最后找了钱，帮他付了臭豆腐账，最后才牵着小炳麟的手，将他送回了家。

阿妈在楼上早就看得一清二楚，急得趴在窗户上一直招手，可惜儿子看不见。只恨丈夫不许她插手，说什么六岁了，家也不认得，路也不会走，东西也不会买，成日都要人跟着，成何体统，要让他自己做起来。

儿子进了家门，好像什么事都没发生，立即转身去了书房，看他的书去了。阿妈对着丈夫一阵埋怨："什么不让人跟着，最后还不是惊动了满街的人？我儿便是读书的命，不懂庶务又如何，自然有人服侍。下次再莫出这种洋相了。"经此阵仗，章父也默然了，罢了，读书事大，书中自有黄金屋，余者皆是小事。

章母本是读书人家的女儿，章太炎的外祖父朱左卿学问渊博。章太炎自小就跟着外祖读经学文，所幸外祖是极开明的人，世事通达，思虑深远。后来章太炎回忆跟从外祖学习，自称："余十一岁时，外祖朱左卿授余读经，偶读蒋氏《东华录》曾静案，外祖谓：'夷夏之防，同于君臣之义。'余问：'前人有谈此语否？'外祖曰：'王船山、顾亭林已言之，尤以王氏之言为甚。谓"历代亡国，无足轻重，惟南宋之亡，则衣冠文物，亦与之俱亡"。'余曰：'明亡于清，反不如亡于李闯。'外祖曰：'今不必作此论，若果李闯得明天下，闯虽不善，其子孙未必皆不善，唯今不必作此论耳。'余之革命思想伏根于此。"

这是和外祖父一起讨论中华民族的存亡问题，从此种下了"驱逐鞑虏，恢复中华"的革命种子。十六岁时，他参加童子试，便大写中华之崛起，革命之必要。若非主试官惜才，只是将他赶了出去，他这谋逆之罪怕是跑不了了。革命乃是除旧布新，亦是一种有能力的任性，正合小炳麟的性情。此后他东渡日本，结交孙文，教导学生，果真做出了一番惊天动地的大事业。

只是这时候，杭州余杭仓前街上的诸人，并不知中国日后的风云将与这个小小的孩子相关，他们只是友善地关照着这个大头童子，为他小小年纪就有如此才学而自豪。

章太炎故居内的木雕

　　章父遣儿买酒，原是为了晚上有文友要来聚会。到了晚间，高朋满座，章父便将小炳麟唤来，听大人谈文论诗。时值初春，江南正是阴晴不定，时时雨打芭蕉之际。喝着酒，窗外便淅淅沥沥响起了空阶滴水之音。几个大人诗兴大发，开始联句作对。其中一个伯伯素知小炳麟的本事，拉了拉正在边上吃花生米的小炳麟："章小公子，如此春夜如此雨，不如你赋诗一首，添些趣味？"

小炳麟想也不想，脱口便是："天上雨阵阵，地下雨倾盆。笼中鸡闭户，室外犬管门。"大家不禁往窗下一望，章家那只大黄狗蹲在门口正伸出舌头接檐下的雨水呢。那狗颇通人性，仿佛知道楼上有人正在看它，也抬头向楼上望来，极是乖巧温顺。众人不由得失笑，又纷纷赞叹："这诗合辙押韵，浑然天成，工整细巧，却又童真盎然。家里日常，拈手即得，可见章小公子有一双慧眼，还能点土成金。"

章父颇为自得，只是满口谦逊："哪里哪里。这愚儿只知道吃，全然随口为之，偶然，偶然。"那位伯伯赶紧拿过纸来，将此诗记下，注明章太炎六岁所作。章家有神童，日后必登科，这是大家公认的。这一张纸也就此被一直保存了下来，现在还在章太炎故居中陈列着。

章太炎听到"吃"，便认真地抬头对父亲说："禀明父亲大人，孩儿不是只知道吃。孩儿只喜欢吃臭的东西，越臭越好。臭豆腐、臭霉苋菜梗、臭鸭蛋、臭冬瓜、臭花生，都很好吃。你们吃的这花生是油炸的，不臭，不好吃。"众皆大笑，那位伯伯抚着他的小脑袋道："好一个特立独行的小家伙。等你长大以后，伯伯拿臭花生换你的字画，如何？"小炳麟抚掌大乐："好！好！到时候你们拿臭的东西来，我的字啊画啊，要多少有多少。"

果然，小时口味跟随一生，章太炎日后仍是个"逐臭之夫"。有人听说了他小时趣事，真的拿了一坛臭冬瓜来换字。章太炎收到礼物乐不可支，只说"要多少有多少"。求字的不敢过分，只说"五族共和"四个字就好。章太炎连说"好说好说"，一口气写了四十几张给他。阿四的臭豆腐，可是被他念叨了一世。

人说章太炎是"章疯子"，在他的家乡，却人人都理解他。若说"疯",那也是乡人们宠出来的。终其一生,章太炎都不识路,不会买东西。若没有人跟着,他就会在大街上四处问别人:"我家在哪里?"上了黄包车便说:"去我家。"就算到了家门口,也有可能直入邻家,在别家床上睡上一夜。

仓前的老邻里也听闻了这些逸事,很是心疼:"章家少爷眼睛不好,就是不认路的嘛。这些大上海大南京的人也真是,看到他就把他领回家就好了,干吗笑话人家。也怪跟的人不上心,我们章少爷就是读书种子,认路这种事情,做不来就做不来,有什么要紧。这些人真是大惊小怪。"

也正是这样风气开放的杭州,才能活活宠出一个高才纵性的"章革命"来。

康有为大闹水竹居

1916年初夏，正是西湖最好的时节。夜来轻风如醉，几只豪华游船漾波柳桃。船中丝竹隐隐，幽咽委婉，似有昆曲绕肠之音。忽然，一条船中猛然响起了一声长长的驴鸣！这一瞬间，万籁俱寂，人声乐声都停顿了。

良久，突地响起了一声叫好："好！好好！此乃王仲宣之《登楼赋》也！"众人这才反应过来，纷纷鼓掌喝彩，气氛又热闹了起来。作驴鸣者不禁热泪盈眶，上前执住知音者的手："徐公知我！徐公知我！"船上的也纷纷举酒相敬："徐公博学多闻！南海慷慨激昂！我等惭愧，当共饮此杯。"

驴鸣者正是康有为，他刚刚听了一折昆曲《关大王独赴单刀会》，想起大刀王五，又念起戊戌几君子，不禁血气上涌，不吐不快。康有为是广东人，并不会吴侬软语，唱不得昆曲，却想起王粲之典，遂作驴鸣。王粲乃建安七子之一，常以驴鸣宣泄心中之气，其病逝后，魏文帝亲临丧仪，对大家说："王粲生前好作驴鸣，诸位不妨各作一驴鸣以送之。"于是大家纷纷作驴鸣，以送好友。康有为此刻引吭作驴鸣，正是取其典，既怀亡友，又抒胸臆。

在座者均不识，唯好友徐致靖一下就明白了康有为的用意。徐致靖已经七十有余，大康有为十余岁，戊戌年正担任礼部侍郎，最是欣赏康有为，两人可谓是忘年知音。当年，正是徐致靖的保荐，康有为才被光绪帝接见，从此进入中国政治风云的中心。

此时已是民国五年，康有为和徐致靖都有劫后余生之感，相见不免抱头痛哭，即便游船湖上，仍是心事重重。这一次，康有为是受浙江督军吕公望和警务处处长夏超的邀请，到西湖避暑，就住在水竹居。到了之后，康有为即请老友相聚，这才有了开头这一幕。

却说这水竹居，却是康有为仇家刘学询的园子，人称刘庄。这园子就在丁家山前，占地五百多亩，是西湖第一名园。刘学询为它取名水竹居，只因此处除了水便是竹，真如世外桃源一般，无喜无怒。这园子风景殊绝，设施齐全，让人住而忘忧。刘学询还特意从广州荔湾旧宅刘园拆来了一大批楠木门窗。如今，我们还能从刘庄的门窗上，触摸那些来自岭南的篆隶文字与钟鼎图案。

然而，康有为的入住却激起了刘学询的怒火。

康有为是刘学询的广东同乡，两人年龄相仿，还都是光绪年间进士，本该同气连枝，互相声援。但这两人却是势不两立的生死对头，曾不止一次欲置对方于死地，是真正的仇家。

刘学询是个赚钱的高手，1886年考中进士之后，在翰林院待了好几年，才混了个虚职。见没有前途，他便辞官，做起了"闱姓"生意。这其实是晚清的一种赌博方式，方式和赛马相似，只是博的是何人中榜。

康氏题刻

康庄舫室

只是科举考场可不像马场这么简单，刘学询操控着巨额赌资与人脉，深深介入科举和官场的选拔运作。没过多久，刘学询就声名鹊起，成为一代"赌王"，人称"刘三国"，即"文可华国，富可敌国，妾可倾国"，不仅手握大量财富，且权倾一时，操纵官员任免之事。

此时的康有为正是以国家为己任的年龄，同乡同年，深知刘学询的操作手法，立定决心要铲除这个"大奸"。于是他先后联合两任御史，弹劾当时的两广总督谭忠麟，罪名就是包庇"巨蠹"刘学询。结果刘学询被处罚了一百万两银子。

一百万两银子虽不至于动摇刘学询的根本，但从此两人便结下了梁子。再加上道不同不相为谋，两人既有私人恩怨，又是政治上不同阵营的支持者，可谓不共戴天。

百日维新失败，康有为成为清廷头号钦犯，流亡日本。刘学询趁机报复，亲自监工刨了康有为的祖坟。刘学询和多任两广总督都交情甚深，其中包括晚清重臣李鸿章。

临水刘庄

1899 年，刘学询还以大清密使的身份出使日本，外界盛传刘学询其实是为了去刺杀康有为。

康有为也不示弱，指示他领导的保皇党成员刺杀刘学询。1900 年 4 月，刘学询从澳门回到广州，刚一登岸，就被刺客用手枪击中胸部，但最后竟然奇迹般的捡回了一条性命。

一个保皇党的"南海圣人"，一个革命党的"三国赌王"，赤膊上阵，互取性命。

就在刘庄建成的 1905 年，清政府废除了科举制度。这样一来，刘学询的"闱姓"生意就没法再做了。不过，他又在上海开设了中国第一家自来水公司和一家信大钱庄，搞起了实业和银行业。

经商过程中，刘学询与大清银行发生了债务纠纷，刘庄因此遭到查封拍卖，标价两千万两白银，但一直无人有实力问津。

1911 年辛亥革命爆发后，新成立的民国政府认定刘学询所欠大清银行的贷款属于公款，便将刘庄充公，作为当时浙江省政府的高级会所。这样，康有为才有机会受邀入住刘庄。

仇家住进自己的庄园，这令刘学询深感屈辱。他出售了自己的几乎全部产业，包括在上海静安寺路（今南京西路）的沧州饭店、愚园路的愚谷村住宅和广州荔湾的刘园，终于赎回了刘庄。刘学询后来一直和自己的八房姨太太低调地住在刘庄，直至终老。

可能是为了向仇家示威，也可能是为了赌气，更可能是康有为真的爱上了西湖，在刘庄住了一个月后，康有为干脆就在丁家山上买了一大块地，建了"一天园"，又称"康庄"，正好可以依瞰刘庄。

康有为在山下立了一座山门，自题"康庄"二字在门上，左右有一副对联曰：割据湖山少许，操草木鸟兽之权，是亦为政；游戏世界无量，极水石烟云之胜，聊乐我魂。

这副对联多多少少有些向刘学询示威的意思，联中的"割据"，割的便是刘学询的地盘。

好在刘学询和康有为这对死对头，毗邻而居多年竟然也相安无事。1919年康庄还尚未完工，六十二岁的康有为在凤林寺（今杭州北山街香格里拉饭店）附近，遇见了一位正在西湖边洗衣服的十九岁船家姑娘，就把她给娶了，成了自己第七房姨太太，且极为宠爱。

刘庄在之后还有许多故事，此处注定与政局息息相关。

孩儿巷里杏花久

辛亥革命前,天下大变,处处动荡。时在崇明知县任上的钱启翰深感不安,他年纪轻轻便得了实职,是个务实的干吏,本该前途无量,近来却常感心神不宁。正因为年轻,眼界宽阔,他已看到了清廷崩解在际,万不能再坐在这条船上了。然而投向革命党,却又下不了这个决心。反复权衡,请示了家中长辈之后,他还是决定在大厦倾覆前挂冠而去,先回家乡韬光养晦再说。

他家本是绍兴人,却有不少亲眷在杭州。祖父和父亲都叮嘱他不必回老家守宅,不妨在省城购房置产,也可多结交些朋友,到时候还能进退自如。钱启翰深以为然,辞官去职后,便前往杭州,先住在亲戚家,慢慢寻找合适的房子。

钱启翰是少年进士,向来得风气之先,并非保守迂腐之士。到了杭州之后,他仍订阅报纸,关心时事,也由亲友带着四处赴宴,很快便融入杭州的文化圈。

钱启翰有个堂兄在报社工作,报纸上开辟有专门栏目,刊登些旧体诗词、豆腐文章,堂兄知道钱启翰有捷才,常邀他投稿补白。钱启翰素有别才,唯爱作诗,也乐而从之。他注意到，报纸中刊登过几首颇有新意的旧体诗，作者叫郁达夫。当时也不在意，只暗暗记在心里。

那年中秋，堂兄来邀，说报社请了作者们来参加赏月花会，诗友可以相聚一堂，唱和清谈。此为雅事，又可与众多纸上诗友相识，钱启翰欣然前往。席间钱启翰着意打听，终于认识了郁达夫，却是一个清瘦的少年，尚在中学念书。

虽然年龄相差不小，两人却相见恨晚，交谈甚欢，对月赏花，互相酬唱，都觉对方胸中之气正是己之胸臆，默契无比。当夜尽欢，又约后日再聚。

此后，两人隔三岔五相约而行。钱启翰告知自己正在寻找合适的宅地，两人便借看屋之名，满城闲走，好不快哉。郁达夫是富阳人，对杭州更为熟悉，说起各种典故如数家珍。杭州乃文脉所在，历朝历代，古屋无数，均为宝地，两人便趁机寻古探幽。

一月之后，九月十四晚上，钱启翰正与郁达夫在屋中推敲诗句。忽闻门外喧哗声起，派了老仆去看，只说外面打仗了。钱启翰是当过官的，趴上墙头看了一回，便知是浙江新军起义了。这一晚不安生，不宜出行，郁达夫便留宿钱家，两人翻来覆去辗转一夜。

第二天清晨，又有炮响，听声音是旗下一带，想来清兵在负隅顽抗。好在响了没多久，便万籁俱寂了。全家人忐忑不安躲在屋内，钱启翰只是庆幸自己已然辞官，否则此时，正不知如何自处。杭州既然起义，上海是免不了的，崇明当然也不会例外，若还在任，降了便是不忠，不降又逆大势，必不可为。幸好幸好！

到了下午，各商会摇着铃挨家逐户通报："杭州将军德济降了，仗已经打完了，杭州现在是革命党人坐天下了。好教各家得知，不要惊慌。"见外面已然太平，钱启翰忙叫仆人出去打听杭州巡抚的下落。不一刻，仆人买了菜回来，顺便带回了消息："巡抚大人昨天晚上就被革命党捉了去，现下关着呢，在小车桥。老爷可是要去探视？"钱启翰连道不必。杭州城里卧虎藏龙，退隐的高官显贵遍地都是，他一个小小的辞官县令，也就是刚来杭州时给巡抚衙门送了张帖子，报了个备，连巡抚的面都没见过，这会儿没有上赶着去探视的理。

一夜之间，江山变色，天下改姓。钱启翰和郁达夫对坐，都有恍惚之感。郁达夫年轻，却也懂得其中凶险，只连连拱手，恭贺钱启翰得遇平安。

吃了午饭，郁达夫本该告辞，却忽然想起一事："钱兄，昨夜之事，可不是应了陆放翁那句诗？"钱启翰略一思索："可是小楼一夜听春雨，深巷明朝卖杏花？""正是，虽说意境不同，却可移用。""若论革命如春花，那确实如此。妙哉！"

郁达夫热切道："钱兄可知，陆游曾几次在杭州羁留，据考，他便住在孩儿巷中。"钱启翰来了兴趣："果真？此处离得不远，不如我们便前往一探？"

全城人都缩在家里，这二人却全然不惧，说走就走。孩儿巷深长幽静，站在巷口，探头内望，只觉雨巷深深，隐有风雷。钱启翰击掌叹道："果然是深巷！只不知小楼是否安在？"小楼据说本是南宋时卖小孩子玩具用品的地方，因而此巷得名"孩儿巷"。无论此说法确否，过去千载，小楼自然是不在了，一路行去，却是处处人家。

杭州陆游纪念馆馆内全貌

不知怎么的，钱启翰和郁达夫都认定了此处便是陆游笔下的"深巷"所在，是陆游在杭州的旧时居处。看这高墙深巷，低调安全，又是居家的好去处，钱启翰心动了。

两人往巷子深处行去，今日多事，两边墙门都大门紧锁，看不出端倪。快到巷尾了，郁达夫忽然一拉钱启翰："看！"只见一扇木门上，贴着大大的红纸，上书一个"售"字。门被锁住了，从门缝里可以看到里面天井俨然，窗檐齐整，虽有些破败，却是处完整的宅子。

两人进不去，便在外面围着宅子转悠。走到一堵风墙下，两人均不由自主地站住了脚步，这墙明显与另外的墙不同，无论是颜色还是质地，都格外古朴。这是一堵泥墙，为了增加牢固度，里面掺了不少碎瓷片，瓷碴便露在外面。钱启翰伸手拔下一块，对光一照，大吃一惊："你看！你看！这莫不是越窑的瓷片，这是宋瓷啊！"又取了几片，果然片片都是宋瓷。钱启翰激动得几乎晕了过去："达夫！我们发现了一堵宋墙！这里果真是放翁故居！"

杭州的宋代民居都是木结构的，保留到此时的几乎没有了，即便是一堵宋墙，也是闻所未闻。若论古址，此处再是坐实不过了。无论是不是陆游居处，都不重要了，只看这堵宋墙，便有千年传承。

钱启翰与郁达夫对望一眼，彼此都在对方眼里看到了狂喜："真乃新开端新气象也！"

当下便分头行动，郁达夫要赶紧回学校，一夜未归，要有个交代。钱启翰立刻回家，找来仆人，当面交代。仆人当即找到此处牙人，三两下便谈妥前去看屋。

此处房产空置良久，主人要价不高。牙人打开锁，里面荒烟蔓草，瓦破屋漏。牙人颇不好意思，忙着介绍："这宅子可是古宅，风水最好，一路都是当官的住的。明朝万历间，有个兵部侍郎叫宋应昌就住在这里头。"钱启翰不禁失笑："你还知道宋应昌。"牙人赔笑："我哪里知道这些，这是原主人告诉我的，我就牢牢记在心里，好教客人知晓。"

钱启翰暗暗点头，此处真老宅也，有宋一代就开始有人居住，历代修缮重造，竟绵延至今。如今又是一番改朝换代，这屋子也迎来新主人。当即付款买下，又经过一番整修，便入住其中。钱家从此在这里繁衍生息，安稳度日。

这屋子虽旧，却极精致。宋墙之外，还保留有蠡壳窗，这本是明清时代江南建筑的一种特色。手工磨出的贝壳片用竹钉一片片地钉在窗格上，透亮又美观，只是工艺烦琐，富裕家庭才负担得起这种窗子。清代中叶以后出现了玻璃，蠡壳窗也就消失了。江南地区只有周庄、苏州东山和西山的古建筑保存有蠡壳窗，但是如今的孩儿巷 98 号也保有几扇。

推开孩儿巷98号的木门，是个天井，天井两边是左右厢房，经过天井是客厅。客厅和后厅为两层楼结构。上楼有一座狭小而陡的木楼梯，饰有冰裂纹的栏杆，楼上走马楼则是"凹"字形栏杆。出后厅是一小天井，全部是石板铺地。天井两边有两层楼厢房，天井中有一口老井。后院的结构和前院基本相同。

走马楼主楼楼上楼下间间贯通，下雨不用撑伞、穿套鞋。古宅共有三道风火墙，楼上也设石库门防盗、防火，宅内选用"杉木取心做"，既坚硬又防雷、除蛀，不易变形。门窗因当时没有玻璃，选用了半透明的河蚌壳，用作防晒挡风透光的材料，别具匠心，相当罕见。二楼用青石板所作的旱塘，是典型的杭州建筑风格。不同的是，旱塘上加了雕花栏杆，更显精致。

现在，经过修复的古宅内有集宋、明、清三个朝代风格的木雕艺术。其门窗、板壁及围廊上都有蝙蝠八卦寿木刻花纹，还有透雕、半透雕、手雕，工艺精致，造型别致。客厅一排八扇落地门窗，上有绍兴江南鱼米之乡的小桥流水、乌篷船、鸬鹚捕鱼、文人下棋等风景画雕，美轮美奂。

屋若有灵，当知前朝后世。

宋代榴园丁家园

1898 年，中国正处世界变动之狂风暴雨中，日后改变中国命运的各路英豪都还年轻，尚在成长过程中。其中一位叫陈其采的，在他二哥陈其美的安排下，东渡日本，加入士官学校，学习军事，待以后回国救亡图存。

一天，陈其采前去书店想买一些书。日本店主知道他是中国人，就向他推荐了两本书，一本是有关文天祥的，一本是有关岳飞的。店主说道："岳飞、文天祥是贵国的英雄，也是我们大和民族所尊敬的英雄。如果你们现在能多几个像他们一样的英雄，也许就不会亡在满人手中。"顿了顿，店主又遗憾地摇了摇头："可惜你们现在没有。"

既然学武，不必店家说，陈其采自然也将岳武穆视为自己心中的偶像。文天祥是文人出身，以状元之才领兵抗敌，岳飞是武将，岳家军之威名远扬千年之后，更是学武之人无限景仰的对象。听到店主这样说，陈其采既骄傲，又惭愧，更有一腔少年热血在胸中沸腾，只恨不能立时为国家驱逐鞑虏，建功立业。

1902 年，陈其采以第一名的成绩毕业回国。他先在湖南创办了武备学堂，任总教习，秘密参加了孙中山领导的革命，暗中联络新军中的革命志士，准备推翻清朝统治。随后又去上海，任驻沪新军统带，继续进行革命活动。在上海活动期间，他做了一件以后对上海革命党人影响非常大的事情，就是和帮会建立了非常融洽的关系。同盟会时期上海革命党人和以后的国民党人与上海帮会势力关系密切的渊源，就因了他的从中周旋。

之后，陈其采由军界转入金融实业界，先后出任南通大丰公司总经理、中国银行杭州分行副行长等职。他以军事、经济和政治背景，跻身财界高层，成为江浙财团的头面人物。他还当过国民党的浙江省财政厅厅长。

到了杭州之后，自然有许多人为他推荐住所。在一众宅园之中，陈其采一眼相中了丁家花园。这是一处古宅地，从宋代起便有人居住于此。最重要的是，这里是南宋榴园旧址。相传，因南宋朝廷迟迟不肯用兵收复失地，岳飞心中上火着急，曾得过眼疾。为了"养眼"，岳飞来到石榴园内，注视观赏灼灼榴花，一个月后，眼疾痊愈，目力更佳。实际上宋时榴园只是一个地名，传说未必可信，然而陈其采一听到这个传说，便认定了这所宅子，这可是武穆遗地，有先贤遗泽。

千年过去，当年养眼的榴花早不知踪影。陈其采倒是向往岳飞当年在这里遍植石榴树的烈烈英气，只是这处宅子已彻底成为精致的江南园林。一直以来，这里都不曾荒废。元朝时，江浙理明所便设置于此。明朝洪武年间，又将它改作杭州右卫镇司署，有正厅三间，宿房两间，廊房六间。清初，这是浙江巡抚王望的宅第。乾隆时，王望贪腐的劣迹败露，宅子被收为公产。之后，它被分割成东西两个部分。西边儿的建筑成为宁绍、嘉松两盐运分司署的办公地点，东边儿的园、楼、亭、池被山东盐运使丁阶买下，作为归隐养老的居所，于是从此有了"丁家花园"之称号。再后来，丁家花园又被驻守杭州的旗人、骑都尉固鲁铿购得，易名"固园"。

当陈其采将其买下作为寓所之时，满园古木参天，奇石拔地。尤其引人注目的，是园内的一株巨大的紫薇，枝条雄壮，宛如活物，大家都说这是从明朝开始就有的古树。陈其采把旧建筑都拆了，新建了一大一小两栋连体别墅，还对花园进行了整修。但是他没有动园中的古木，尤其是那株紫薇，总觉得有灵性一般。

陈其采住在杭州，虽说表面上闲云野鹤，实际上却对时局有着相当大的影响力。一些国民党的要员常来看望这位党国元老，他的两个侄儿陈果夫、陈立夫兄弟来杭，更是必到此地问安，丁家花园虽不在朝堂，却能影响朝堂。

虽说从军、从政、从商，正是在红尘中打转的人，陈其采却笃信藏传佛教，对参佛一道，悟性极高。正式住进丁家花园的当天，晚上打坐做功课之时，陈其采便感觉到有股气盘旋屋内，久久不去。出于武人的直觉，陈其采当即停止吐纳，起来巡视宅院，却并未见什么特别的东西。

第二晚他再次试图入定时，这股气息更是凝注不去，时时来扰，让他难以入定。陈其采心中很是诧异，他本身气运极旺，又学武多年，自身带有杀伐之气，再加几年修炼，早已是无畏之身。风水云云，于他不过是一个笑话。当初寻房子的时候，常人自然要看看风水，但是跟在他身边多年的老仆却道："我家老爷自带'风水'，他所住之处，自然顺风顺水，无须多看，只看是否合缘便是。"

丁家花园

　　这宅子既是岳飞养眼的石榴园，那是陈其采一见中意的地方，且多年为官衙官宅，照理是正大光明的所在，这股气息到底为何物？以陈其采的修为，竟不知这股气，是正是邪，是凶是吉。更不知它从何而来，因何而聚。

　　正在疑惑间，他接到了密宗著名法师贡噶宁布的来信。法师是陈其采的同修好友，两人时常交流经义及修行心得，不时互致问候。陈其采当即修书一封，请贡噶到杭州来小住，一则可为杭人弘法，二则可当面并榻切磋，三则来看看这股气到底是怎么回事。

　　法师接信后便启程，出家人只用步量，等到达时已是夏季。陈其采在丁家花园已然住了半年，诸事皆顺，只是那股气一直萦绕不去，却又似乎并不伤人。

　　这一日，法师寻到了西湖边丁家花园的门口。杭州的夏天闷热潮湿，十分难熬，法师却自清凉无汗，所到之处一派凉爽。到了门口，法师若有所察，只是不动声色。

门子早就通报进去，自将法师迎入园内。陈其采奔出来，与法师对面一揖，接进了厅中。两人对坐，房间里仿佛放了冰块，很是凉爽，连在边上侍候的仆人都一脸舒快。

两人都过午不食。日落后本是做功课的时候，陈其采却只请法师自便。贡噶一笑，手持串珠，盘膝入定。陈其采自在边上翻阅经书，念诵咒语。这一入定，便是一整夜。第二天清晨，法师方才出定，神采奕奕。陈其采大为钦佩："师兄真乃好修为。我自来此处后便无法入定修行，还望师兄教我。"

法师问道："师弟所为扰者，可是一股气？"陈其采连连点头："正是。我到此半年，竟不能压服，亦不能驱散，且始终难以入定。查寻多日，竟不知此为何物。"法师道："周围可有高处？不如登高一望。"陈其采苦笑："我早已登高，从不同方位观察数次，一无所得。不过师兄修为更高，或有所得。"

说着命人取衣物来，两人芒鞋轻杖，便往吴山上行去。登到山之高处，两人往山下城中俯视。只见满城百姓，寻常人家，全城笼着一层软红，极是和乐。法师轻叹："果然东南佛国，自有天佑。这一城，有大气运啊，你选这里定居，有大智慧。"陈其采也道："杭州这数千年来，少历刀兵，除了少数几个不太平的年头，血光之灾几乎未见，算是个祥和之城。我选在这里住，也是为了修行有利。"

法师看了半晌，指着城中一处："此为何人宅院？"陈其采瞟了一眼："那是蒋家的宅子，是出了名的吉宅。"又补充道："于我无补。最适合白手起家，创业之人。"那处宅院正是蒋抑卮所居，他祖父最早不过是一个开酱坊的，自从买下此宅后便代代发达，蒋抑卮从文从商皆是杰出人物,当时人称"蒋半城"。法师点头:"这宅虽好,然地气不足,盛极而衰,富不过三代,三代之后便即易主。"陈其采笑道:"正是。此宅原先曾是太平良相黄机的出生地,后来败落,为蒋家所得。"

又凝目半晌,法师奇道:"你自己当真看不出你所居之处的奥秘?"陈其采苦笑:"不识庐山真面目,只缘身在此山中。我看来看去,无甚妙处。"贡噶转身打量了陈其采一眼,恍然大悟:"原来如此!世上缘之一物,竟有如此之巧。"陈其采知贡噶已知其理,赶紧合十一拜:"请师兄明示!"

贡噶缓缓说道:"你并非不识此气,你识此气甚深,见面不相认,只因你自己身具此气,入局太深。蒋家能得吉宅,自然暗中有所机缘。你能一举拿下榴园,亦是因为气味相投。是这股气想要找你,你才能得了这宅子。也是你身上本有这股气,这宅子才会出现在你面前。"

他又一口气说下去:"这杭州城里,能住这宅子的,只有你。本来你与这股气相安无事,纵然削减了你的气运,那也是你的命。只因你修佛,平日里要打坐入定,却与这股气相冲,方才察觉。"

陈其采恍然大悟:"我修佛,本就是为了化解戾气,安神定魄。打坐入定也不过为了修出心口这一口静气,想来与这气却不相容。只是我修为不够,竟化解不了。师兄昨夜打坐无碍,却是为何?"法师笑道:"你身上本有这股子气,我却没有,心中无一物,何处惹尘埃,自然无碍了。"陈其采闭目,稍加思索,已知其理:"一身空灵,自然百邪不侵。灵台本有尘埃,方才引来诸思纷纷。邪魔外道,都是由自身招引。"法师拊掌:"正是!你悟了。"陈其采又问:"敢问师兄,此为何气?

从何而来，由何而起，因何而聚？"

法师又端详了宅子半日："据我看，此为官气，又掺杂着霸气，还有一些怨气。这气正义凛然，并非凶相，也不是戾气，若要说，不过一股执念而已。只是养了数千年，却是化不去的。"陈其采一想："正是。此园历经官署，承印已久，历代主人都是官身，可不正是如此。"说着苦笑："我自小矢志革命，虽不为求官，却也非白丁，岂非正合此宅身份。怪道这股气要找上我。"又问法师："原因我已知了。此气于修行，确有大碍，我本就想化解自己这股官印气，没想到又进了这样的一处宅子。只是我自己消解不得，师兄可有主意？"

贡噶一合十："师弟客气了，待你我一同参详。"两人回到家中，陈其采带着贡噶四处巡看。最后两人不约而同在那棵紫薇树下停下了脚步，正是紫薇盛开的时节，细碎的花朵张扬至极，枝干浑圆饱满，仿佛如人的躯体，充满了肉感。"据说此树明朝就已栽种，"陈其采介绍，"我来之后，观其方位奇特，长相怪异，曾想铲去。然而想到此为古木，且并无妖异之相，不宜损毁，因此将它留了下来。"法师点头："你未将此处改名，仍唤作丁家花园，甚好。这树年代久远，动土不吉，虽说其中必有故事，且随它去吧。"

两人商议良久，不知说了些什么。过了几日，陈其采竟和贡噶一起上了莫干山去清修了四十余日才回来。回来之后，陈其采将居所更名为"度心香馆"，宣布自己要成为居士，并且要举办一个仪式，请了杭州城里的一班名流前来。

陈其采请客，又是要当居士这样的大事，自然没有不捧场的。当晚，丁家花园宾客如云，高朋满座。蒋抑卮不但同为日本留学生,且是银行业重要人物,自然也应邀前来,这样的应酬场合,于他自然也是十分自如。陈其采见蒋抑卮到了,亲自带着他参观了丁家花园。蒋抑卮十分有兴趣:"我对丁家花园闻名已久,却是第一次进来。这园子果然历史悠久,看这一草一木都十分不寻常。"说着拍了拍那株明代紫薇,"这是紫薇吗?我还是第一次见到紫薇能长成这般古朴苍劲的,若不是看到了花,真不敢相信。"陈其采笑说:"蒋兄客气了。说到宅子,你家那是出了名的吉宅,哪里是我这里能比的。""哪里哪里,早就听说了,陈兄所在之处,即为吉宅。"双方一阵客气。

陈其采又将贡噶引荐给蒋抑卮:"此本是我师兄,现下是我师父了。"说着燃起藏香:"你们聊。我去陪客了。"蒋抑卮虽然对密宗没有太大的兴趣,却不好拂主人之意,只得留下谈谈。哪知贡噶佛法高深,言之有物,竟把蒋抑卮给吸引住了,不知不觉谈到夜深。前面厅堂内客人都散去了,丁家花园重回寂静,陈其采也得以脱身加入谈话。三人愈谈愈是畅快,竟聊了一个通宵。眼看东方既白,蒋抑卮醒过神来,连连告罪,这才回家睡觉去了。

没过几天,贡噶告辞,自回西藏修行,陈其采也恢复了每晚打坐入定练气的习惯。

过了二十几年,杭州城里发生了一件大事。那时杭州已被日本所据,蒋抑卮和陈其采自然不能为日奴,已早早离开杭州了。蒋家主人走了,将宅子交由家人看管,哪知这宅子招人喜爱,当时的伪市长何瓒强占蒋宅,作为自己的寓所,蒋家人没有法子,只得委从。

这大汉奸极为猖狂,不久就发布"一号通令",搜刮杭州地皮，一时引得人人切齿。何瓒也知自己招人恨，在蒋家的高围墙上装置了电网，还配了狼狗和持枪保镖，出入都有人护卫。谁知有一天，光天化日，如此戒备森严之下，还是被除奸队摸进了家中，几枪击毙。事后，蒋宅内的老家人全都消失不见，众人才猜测，是蒋家留下的仆人接应了除奸队，这才完成了杀奸的任务。

正在上海的蒋抑卮听闻消息后十分开心，连呼："大快人心！大好忠仆！"又写信给朋友们告知此事。陈其采知道此事的时间比蒋抑卮更早，念了声佛，大声叫好。

当年法师想办法，请了蒋抑卮来做客，将这股气由他带回了蒋宅。也只有蒋宅这样温厚的地气，这样大的福气，方才容得下这股气。只是这地，过了三代便要易主，在蒋抑卮手中果然易主。只是何瓒本无德行居此福地，又是卖国求荣之辈，触犯了这股官霸之气，二十几年后，应在了何瓒的头上，正是活该。

陈其采暗暗钦佩法师之能，自此敬佛更勤。只是丁家花园，自他离开后，再也没能回去过。多年后，他在台北重病，还念念不忘杭州的度心香馆，告诉身边的人，那是南宋的石榴园啊，也是他青年时的革命梦。如今，这一切，都随着这股气消散在历史之中了，所余者，不过青灯古佛，老宅深深。

司徒雷登耶稣弄

"更朝吃啥西？"张更阳随意地问着。小时的玩伴回到了杭州，第一个就找上了他，张更阳很是高兴。"你话吃啥西就吃啥西。"已经当上了酱菜店小掌柜的张更阳很是豪气。

对面的人想了一会儿："螺丝嗦嗦，蹄髈笃笃，再来碗卤儿淘淘。""哎，好说好说，王润兴走起。"两个儿时的小伙伴遂携手往清河坊走去。

到了耶稣弄堂口的大树下，忽然有什么啪叽一声掉在了地上。抬头一看，原来是银杏，果子熟了，便噼里啪啦往下掉，地下滑唧唧一片都是银杏果皮。那果子是早被捡走了，炒白果本是好东西，岂能浪费。

张更阳往六号墙门一探头："有没有人？"闻声出来几户："阿张啥事体？"张更阳笑嘻嘻往身后一指："司徒回来的！一道吃饭去？王润兴。"这一下可惹动了街坊邻舍，六号墙门里十几户人家一下子都出来了，隔壁墙门听到动静也出来了一批人。

"啥辰光回来的？"

"哎哟，介长大了！"

"西装蛮贵噢。"

邻居们是从小看着司徒雷登长大了，就和自家孩子一样，这时也不见外。高鼻深目的司徒雷登只是嘻嘻笑，张嘴就是一口地道纯正的杭州话："爹爹阿布，一道吃饭起？"王阿婆赶出来，往司徒手里塞了一把炒白果："刚刚炒好的，拿手里吃吃。白果要趁热。说起来，格棵树还是你爸爸种的，谢谢司牧师，我们有得吃了。"司徒雷登拿着这把热气腾腾的银杏果，分了张更阳一半，两人开心地吃了起来。

六号墙门的孩子们，从小没有少在巷口的白果树和榉树上爬上爬下，这个季节，必是要集体出动去捡白果，回家炒了吃的。白果皮烂了之后有一种特殊的香香的臭气，这股味道便萦绕了司徒雷登整个童年。此时此刻，鼻尖淡淡的白果味又回来了。司徒雷登只觉浑身舒泰，便如鱼儿入了水，又如糖融进了水里，整个人都舒坦了。这就是回家的感觉啊！

又叫上了几个儿时的伙伴，几个人说说笑笑，直奔王润兴。到了饭店，看着一楼满满当当的人在吃门板饭，司徒雷登不禁跃跃欲试。从小他就想试试门板饭，一口把个饭尖尖咬了去，多么过瘾，但父亲总不让他去。这会儿也是，小伙伴一把将他拉上了二楼。

"司徒点菜！""对对，司徒最会得吃，司徒点。"大伙把菜单往司徒面前一放。司徒想都不想，也不看菜单，直接对跑堂的说："件儿要瘦，肥了倒胃；木郎豆腐多放胡椒，要烧得入味；响铃儿要熬稍。"跑堂的直发愣：这不是外国人吗，怎么说得这么流利的一口杭州话，点

司徒雷登塑像

起菜来还这么内行，这是怎么回事？看跑堂的一脸呆木，司徒拿手指敲敲桌子："我们不吃贱儿饭，慌啥西？"跑堂的几乎惊掉下巴，赶紧一溜烟跑到后堂。

大伙哈哈哈笑起来，从小这戏码可没少上演。司徒家一共四兄弟，个个都是一口道地杭州话，可谓耶稣堂弄一景，不知道惊呆了多少人。司徒搓搓手："王润兴这口菜蔬，我在美国想了不知道多少遍了，半夜三更口水滴滴答。特别是木郎豆腐，美国人不吃木郎，你们晓得不晓得，我气都气煞。"小伙伴哈哈直乐："馋痨胚啊，司徒你还是介副吃相。"

不一刻，掌柜匆匆过来："是司徒公子吧？不晓得是几公子，跑堂的不懂事，得罪得罪。"司徒笑道："无妨。我是老大，三个弟弟还在美国没有回来。"掌柜亲自端上盐件儿："大公子是内行人，件儿要瘦，挑得最好的切的。"司徒赶紧塞了一大片在嘴里："就是这个味道！"掌柜很是开心："客人喜欢就好。司徒老爷身体还好？平时也经常来的，倒是有段时间不见。"

这掌柜原是做久了的，凡是熟客都心中有数。司徒一家都喜爱王润兴，本是常来常往的，几位公子虽然久已不见，老司徒却还是常来的。长着一张外国人面孔，却说得一口流利的杭州话，还能内行点菜的，除了司徒家的四位公子，再不能有别人。

多年前，一位美国传教士带着妻子来到杭州，在离西湖不远处的弄堂里，盖起了一幢二层小楼。在这片不大的弄堂里，这对传教士夫妇建起了教堂，办起了学校，还聚集了大批传教士在此定居。时间久了，当地人便把这里称为"耶稣堂弄"，原本的名字反倒被遗忘了。司徒雷登和他的三个弟弟都出生在这里，他们与中国孩子一同上学、一起玩耍，"春节的焰火，元宵节的花灯，西湖畔的美食"，种种记忆，构成了司徒兄弟们一生怀念的美好童年。

他们穿着中国服装，用筷子吃饭，用杭州话唱赞歌。司徒最爱吃的，永远都是杭州菜。他会好几国语言和数种方言，但终其一生，他认为最动听的，还是杭州话。

不一会，"醋鱼带鬈"端了上来。这道菜其实就是一鱼两吃，把草鱼背上的肉割下来，切为小片，不加酱油，以麻油、酒、盐、姜、葱和之而食，剩下的鱼做成醋鱼，一起端上来。司徒熟练地用筷子将料作与鱼片拌在一起："吃吃吃！一个趁热，一个趁凉。"掌柜的又忍不住喝彩："会得吃！真内行！"生鱼片必得吃凉的，这里都是冰水湃过的，若是热了，就差点口感。而醋鱼，却定得吃热的了，只因醋鱼不加盐，一旦凉了就会腥气。

司徒一边忙着吃，一边说："日本人最喜欢吃生鱼片，实际上都是我们中国人最先吃出来的。古代这就叫'脍'，孔子说'食不厌精，脍不厌细'，就是说生鱼片要切得薄才好吃。你们看，孔圣人也喜欢吃格只菜。"张更阳哭笑不得："司徒啊，你不是美国人吗？啥西叫我们中国人，你吃到好的，祖宗也不要了啊！"

吃完饭回到六号墙门，又带着在美国娶的太太去左邻右舍串了门，收了好几个红包，太太的裙子也被小孩子们捏皱了。

司徒雷登就此回到了他的精神故乡，带着太太住了下来。对于他而言，这不过是回家而已，一切都是熟悉的。大家也没有把他当作外人，除了长相确实和中国人不同之外，别的似乎并无不同。

那几年，司徒雷登带着太太去各个乡村传教，时不时回到耶稣堂弄小住。每次他回来，都会引起一阵小小的轰动。他仿佛是整个弄堂的孩子，大家有什么事都愿意告诉他，有什么好吃的也都惦记着他。司徒雷登的开朗有趣与随和是出了名的，他生平最喜欢凑热闹，又爱好吃的,又爱好玩的。

一早他就和大家说好了,谁家若是办喜事,非叫他不可,否则他可不依!这之后就成了定规,谁家有好事,必得请司徒。附近几条弄堂里若是有人要结婚,证婚人只能是司徒。也是,请谁能比请司徒更体面呢?一个外国人,西装笔挺,还是个神父,一张嘴,一口杭州话,全场都被震住了。当时杭州流行新式婚礼,新郎穿西装,新娘穿婚纱,在教堂结婚,那神父必须是司徒啊,就没有他不知道的礼仪,就没有他处理不好的场面,就没有他不懂的人事。由他主持的婚礼,次次都是人人开心,个个满意。

时间久了,大家都知道有个司徒神父,是主持婚礼的最佳人选,都早早前来邀约。耶稣堂弄的弄堂口,总有坐着晒太阳或者躲阴凉的老太太们,一看到弄堂口有人探头探脑,就会问:"你家是不是有人要成亲?"被问的人一脸惊诧:"莫不是王母娘娘下凡,能掐会算?"

司徒雷登故居

老太太们便会指点:"司徒牧师在六号墙门,就是那个二层小楼。但是他现在不在,下乡去了。你下旬再来,要么留张条子,我们帮你带话。"来人很是不好意思:"介简单的吗?要不要包个红纸包?"老太太们挥挥手:"用不着的。实在难为情不过,你就请他到知味观吃客小笼包。"来人千恩万谢,老太太们很随意地说:"用不着,用不着,一个墙门里看大的伢儿,不算啥西。"

最开心的便是过节。除了圣诞节、感恩节,司徒雷登也和邻舍隔壁一道过中国的春节、元宵秋和中秋节,只要是个节日,他都喜欢。快要过年了,司徒早早跑到万隆火腿庄,预约一只最大的金华火腿:"屋里人多,弄只大一点的。"又找张更阳定制耶稣堂年货套餐,亲自画了教堂图样,刻成章,一张一张盖在红纸上,再贴在装酱菜的玻璃瓶上,红彤彤,亮晶晶,很是喜庆,张更阳店里的酱瓜儿、螺蛳菜都因此多卖了好几缸。

游西船是他最喜欢的。司徒雷登喜欢热闹,凡是游湖一定要将船弄得红红绿绿,张灯结彩,再邀了朋友一起,热热闹闹的最好。他更喜欢看满湖游船,都是这般扎着彩球,绑着彩带,漂漂亮亮的,真是开心。若是在船上再来四碟点心,桂花糕、定胜糕、条头糕、莲子糕,那他能记一辈子,说一辈子,还写进回忆录里。

还有看社戏。司徒雷登最是积极,生怕前面的位子没有了,早早带了板凳和院子里的小孩子们去占位子。事先换了大把铜板,就为了方便给孩子们买零嘴吃。戏开锣了,他怕小孩子看不见,又叫个小的骑在他脖子上,惹得后面的人喊:"前面那个外国佬,你坐倒来!"他又跑去和后面的人聊天,买两截甘蔗去赔罪,一人一根啃得起劲。

后来，司徒雷登的弟弟也回到了杭州，而司徒雷登则越走越远，成了司徒先生，去南京的神学院当教授，去燕京大学当校长，还成了美国驻华大使。

司徒雷登的父母在杭州终老，弟弟也在杭州去世，他们都葬在灵隐石莲亭基督教墓地。再后来，他的妻子也葬在了中国。最终，司徒雷登自己被安葬在了杭州半山安贤园。墓碑上只刻着一行字："司徒雷登，1876—1962，燕京大学首任校长。"

"别了，司徒雷登。"对于生在杭州，长在巷弄的司徒雷登而言，这或许是真正的回家。

孤云一片小方壶

刘三爷一辈子都没有受过这样的气！后来他成了刘三老爷，受了日本人不少窝囊气，再回想当年这一幕，才知这不是受气，乃是福分。

那年，刘梯青到杭州办事。行前，他听几位兄弟说，住在新新旅馆最好，面朝西湖，进城方便，最有意思的，是还有人带着上葛岭打猎。年轻人听见新鲜玩意儿总是很有兴趣，于是到了杭州便直奔新新旅馆下榻。

新新旅馆的名字来历甚是古雅，取自《礼记·大学》中名句"苟日新，日日新，又日新"。时逢新文化运动，蕴含着新社会、新时尚，既指新旅店，又指面貌永远保持新鲜、旅店日日保持清洁、满足宾客良好期待。

不过，那时的新新旅馆不过是栋两层楼的小旅店，看起来毫不起眼。刘梯青下车之后，略一打量，也不在意，毕竟打猎所住之所，简陋些也可以理解。他径入大堂，不料竟无人上前迎接。三爷不禁愣住，此地竟野成这样？

刘梯青系南浔"四象"之首刘镛的第三子，不但是个典型的"富二代"，而且自己也很有赚钱能力。老太爷过世后，四兄弟和和气气将家产分了，每户都坐拥祖上留下来的亿万资产，各自开宗立派。三房自立"崇德堂"，在继承祖业从事辑里湖丝贸易的同时，还经营钱庄业、典当行，投资开办银行，创办丝厂。最出名的，还要算他"炒"房地产的大手笔。

早年，刘梯青还曾与西洋人合资在南方经营橡胶园。1917年，又与张謇等人集资两百万元成立"草堰场大丰盐垦股份有限公司"，是淮南首屈一指的盐垦公司。过了几年，刘梯青又与同乡庞赞臣及张伯琴、俞富岩集银二十八万两，兴建崇裕丝厂（新中国成立后称杭州新华丝厂，属国有大型缫丝企业），引进国外先进设备，年产丝四十余吨，其产品主要销往欧洲、北美洲以及东南亚的国家和地区。

刘家三房不但在老家有大宅门、大片土地和账房间，同时纵横实业，长袖善舞，另外在上海、杭州、南京、武汉等城市遍布着目前已无法确切统计的房地产、典当铺、盐场、商行和花园洋房。

这样一个含着金钥匙出生，之后又打造了无数把金钥匙的角色，在一栋两层楼的小旅馆竟遭遇无人接待之冷遇，这可是平生仅逢之奇遇。刘府的长随早已上前，低声喝道："这是南浔刘家三爷！"接待人员是个油头粉面的小伙子，忙忙碌碌正不知在干什么，闻言翻了一下白眼："南浔？这什么土包子的地方？等着。"长随气笑了："你让三爷等着？你算个什么东西！"接待员倒是一身傲骨，当即扬起头怒道："三爷又是个什么东西！我们这儿都接待过什么人物，你懂吗？"刘三爷身边的人不禁一齐哂笑，再大的人物见了刘家也要客气几分，什么时候轮到你一个小接待来拿乔了。

刘三爷听了开头，早就掉头回到车子上去了，和一个小碎催斗气，那也未免太掉份了。他在杭州房产何止一处，俱精美舒适，这个小破旅馆不过图个新鲜，有什么住头。保镖上前，问道："三爷，要不要统统砸了去？看这两层破楼，也不值几个钱。要不听个响，乐和乐和？"三爷正想点头，忽然看见一辆熟人的车子，想来也是住在这里打猎图新鲜的，遂改了主意："杭州场面上的朋友太多，若动起手来，倒叫人看了笑话。我们家是做生意的，和气生财，可以用钱砸，何必用手砸。"

于是一行人掉转车头，去了刘三爷在杭州的寓所——小方壶斋。看这名字很是古雅，里头也收藏了大量古物，其实却是一幢西洋别墅。小方壶斋在学士路口，便是现在凯悦酒店所在地。这处依街傍湖的花园别墅占地面积达四点八六亩，占据了西湖湖滨最好的一段，三面围以马路，一面临湖，堪称杭州"门厅"。

院中除了三层多开间的主楼外，另有小楼五栋，还建有停车场、网球场、花园、假山、池沼等。院内总建筑面积达一千七百七十平方米，有大小房间七十一个，拥有很长的一段西湖湖岸线。小方壶斋主楼距湖边不过百米，真可谓坐拥无敌湖景，推窗便可见张静江当浙江省主席时树立的"西湖博览会"牌坊。

这处别墅可比新新旅馆豪华舒适太多了！

到了小方壶斋，刘三爷坐下来，把玩着新到手的一件玉器，慢条斯理地吩咐："就在那个小饭店的边儿上，建个三层的西式洋房，地势要比那块儿高，地方要比那块儿大，造得要比那块儿精细。"管事的忙应了，就要奔出去买地建房。刘三爷又把人叫住，想了一会儿说："等那房子建得了，就叫草舍。我刘家一处草房子，都要比那破旅馆高贵些。"管事的凑趣,笑道:"那地块儿的对面,就是孤山一片云。不如就叫孤云草舍,就是那孤零零的云底下,可怜巴巴的一处草房子。就这么着,都比他什么新上加新的旅馆要好。"刘三爷一笑:"很好,就是它了。去吧。也别太花力气,免得着了相。"

管事的当即出去奔走。有钱好使鬼推磨,到了刘家这样有钱的程度,更是万事好商量。更妙的是,稍稍一查,便发现坡上那块地竟本就是刘家四爷的,只是买得太早,大家都忘了。这还不好说吗,在兄弟的地块上造个房子算什么。四爷说:"三哥随意。"

三爷的管事为了赌气,命人在上面高高竖起一块牌子——"刘家孤云草舍即将开建"。新新旅馆诸人面面相觑,这是什么情况?怎么突然有人在自家风水上游要建什么草舍,这不摆明了要叫板嘛。客人们也都看到了,纷纷出来围观。有几个人忽然省起:"哎,上回和刘家三爷吃饭,说起新新旅馆,我们还推荐他来着。难道刘三爷果真如坊间传说,从不住旅馆,到哪都有房子,想住就自己建?"又说:"若是刘家要搞旅店业,那可是财大气粗,占住了最好的位置,设施肯定也是最好的。到时候必定要去光顾。"还有人说:"旅馆业这样利薄麻烦的产业,刘家从不沾手,人家都是大额进出,大笔发财,建这房子必然就是为了压压新新饭店的风头。"

新新旅馆的经理董锡赓当然也看到了这块牌子,知道其中必有故事。刘家行事一向低调,今天这个做派直和宣战无异,定然是自己哪里得罪了。他遂把这几日当值的门童、接待、仆人都叫来细细盘问,方才知道原来如此,竟有这样混账的接待,将财神爷给得罪了。

董锡赓深知刘家在商场和政界的影响力,若三爷较

孤云草舍

起真来,别说一个小小的新新旅馆,整个杭州城都能被搅得民不聊生。尤其听到门童报告说,三爷手下曾想砸了旅馆,不由得冷汗淋漓。这对于三爷是不值几个钱,却是他们几个合伙人的全部身家。开旅馆,本就是服务业,轻视客人,没有侍候好住客,这说破天去都没理,传出去信誉都没有了。董锡赓二话不说,先把那个不知天高地厚的小接待给开除了,会说几句洋文,就不知道自己姓什么了,你自己轻狂,可别拖累了大家。

之后又找正住在店里的客人,也是刘三爷的熟人,千恩万谢,请他出面调停。那客人也妙,朝坡上一指:"三爷不是要造屋子吗?这处处压你一头的,他的气也消了。没什么可调停的,我给他推荐了这么一个地儿,正自无趣呢。"

董锡赓找不着将他引荐给三爷赔罪的人,三爷又再不会主动到新新旅馆来,只得眼睁睁看着孤云草舍一日日造起来。刘家不愧是地产大户,买地造楼那一套,早就玩得驾轻就熟，那楼造得极快，三层大洋房，优雅华丽，占地极广，周围草地如茵，却偏偏挂起块"孤云草舍"的牌子，正仿佛在嘲弄人。

这孤云草舍，刘梯青别说住，连看都没来看过。造好之后，管事的来过一次，派了几个扫屋子的仆人来，之后连管事都没来过一次。这楼就只是一个壳子，里头就这么一直空着，屋外也懒得布置花园庭院，专为耀武扬威而用。董锡赓每回一抬头看到这草舍，便觉挖心挖肝地难受，好似一副心肝被扔在地上教人碾压。他屏了好几年的恶气，终于奋发图强，在边儿上又造了一幢五层楼高的中层，自己觉得扳回了一局。不过刘梯青从那日后，其实再没有关心过这事。拿钱出了气了，这事也就结了，新新旅馆之后怎么样，他压根儿没有放在心上。

几年后，刘梯青的老乡朱家骅要来当浙江省主席，需要个住处。刘梯青这才想起孤云草舍来，将这处房产借给朱家骅居住，成了省主席的官邸。

住在这屋子里时，朱家骅曾有"三保杭州"的壮举。1937年11月，日军在杭州湾登陆，上海沦陷，蒋介石下令掘开江堤，决定不顾杭州几十万百姓的安危，要来一场"水漫杭城"，被朱家骅拦下了。之后，蒋介石又下令炸断钱塘江大桥，这回朱家骅拦不了，只能好说歹说，这才求来了四十天的缓冲时间，拯救了大批难民与物资。最后，蒋介石又让戴笠去火烧杭州。朱家骅一听到这个消息，就立刻召集了全杭州的社会精英，说服了戴笠的特别行动队，总算是避免了这场"灾难"。

七七事变后，处于前线的浙江、江苏、安徽等省都先后换了军人担任省主席。保定军官学校毕业的黄绍竑来浙江接朱家骅的班。国民党官场上的习惯是，前任省主席提前走，接班的省主席随后到，两者从不见面，以免引起尴尬。但是，这次朱家骅却是破天荒地等着黄绍竑来浙江。1937年12月4日，黄绍竑来到杭州，马上去孤云草舍拜访朱家骅，朱家骅在寓所介绍了浙江抗战前线的情况，还请黄绍竑在孤云草舍内吃了饭。事后，黄绍竑曾流露这样的感叹："朱主席一直等到我到来才走，这也算是抗战中的一种进步吧！"

之后朱家骅去了后方，孤云草舍也就再次沉寂。

值得一提的是，在日据时期，小方壶斋受到了灭顶之灾。见到这样辉煌宏大的住宅，日本人自然不会放过，进去一搜，瞠目结舌，里头古物文玩不计其数。刘梯青爱好收藏古玉、青铜器、佛像、字画等，小方壶斋之名据说就来自于其中一件青铜器收藏品。刘梯青全家前往上海避难，古玉、字画尚可随身携带一部分，青铜器和佛像十分笨重，都留在了杭州。

这些东西都被日本人搬走了，当时的百姓在旁围观，只见一箱一箱源源不断，直装了十几卡车。还看到许多人抬了一尊金佛出来，半米多高，实心的，金光闪闪，足有几百斤重。这房子实在是好，日本人搬走了文物之后，索性将它当作了驻杭司令部。

在大时代中，房子的命运亦是奇诡难言。刘三爷的寓所小方壶斋后来成了大酒店，而无论是孤云草舍，还是董锡赓后来建的五层楼，现在都成了新新饭店的一部分。想想小方壶斋的遭遇，更觉孤云草舍虽是赌气之产物，却仍是幸运的。

弱国外交见省庐

宝月山上,"省庐"之内,王省三眉头深锁。葛岭宝石山下,还有一处"省庐",却并非王省三住处。

王省三是晚清少有的专门外交人才,他早早就认识到学习外文之重要性,先是跟着朋友学习外文,又到西方教士所设学校专门学习,三十岁了,他还去京师同文馆学习。之后,他就以翻译及随员的身份出使欧洲,在欧洲待了六年,又去美洲。回来后,帮着盛宣怀一起办外交。后来担任过驻日参赞、横滨筑地总领事等职。

其间他还去考举人,还中了举,之后去各国考察,写下《九国考察记》中铁路一编。归国之后,以道员赴浙江,总办全省警察及洋务局,还担任过浙江交涉使。

王省三中西皆通,既有洋文凭,又中过举,正是实施中外沟通的人才,之后也是行使的外交官员职责。只是弱国无外交,既要平民愤,又不可激起军变,折冲樽俎之间,实在心力交瘁。

今日,是杭州商会与日本在杭商会签署合约的日子。

《马关条约》之后，杭州被辟为通商口埠，特别将拱宸桥划为日本通商场所。拱宸桥乃是运河上下之处，说是铁路站口所在，塘运与铁路运输都汇集于此，原本商栈林立，铺面相接，旅舍、茶馆、饭店更是处处皆是，原是杭州最为闹猛的地界。然而日本人来了之后，因路权之争，铁路站线不通湖墅，少了一个交通便要。更重要的是，杭州百姓不愿与日本人通商，甚至不愿与日本人打交道，纷纷搬出拱宸。一段畸形的商业繁荣之后，这处闹猛之所逐渐凋零，不但铺面渐渐关闭，而且居民日益减少，眼看成了荒地。当初出门就要被踩掉鞋子的所在，后来竟成了白日里黄鼠狼出没之地。

日本人自然很不情愿，他们要的是繁华好地块，并不是这样日渐荒废的地块。于是日本人逐渐往杭州清河坊等热闹的地方侵入，在那里开设了西药房，起先杭州商会没有干涉，后来直开了四五家。这一来，杭州商会不干了，《条约》里明明规定了日本人不可以在规定场所之外经商，怎么把生意做到城里来了，这绝对不行。

杭铁头们一直呈请朝廷，让日本人退出杭州城，但反复几次，日本人都不愿意。最后双方闹起来，在杭州商会的组织下，老百姓一拥而上，将日本西药房砸了。事情越闹越大，浙江巡抚自然要派交涉使王省三出面。

王省三权衡再三，《马关条约》已是丧权辱国，若是一再退让，讨好日本人，恐怕在外患到来之前，已经要酿成民变。眼看杭州城内民愤汹汹，每天都有老百姓在已经被砸烂的药房外扔砖头、吐口水，杭州商会已经拿出鱼死网破的姿态来了。于是王省三面对日本方面的反复威胁，仍然坚持让他们退出。日本领事再出口不逊，他只是软硬不吃，非让日本人退出城内不可。最终日本领事只得同意，让杭州商会将这五家药店的商品全部买下，日本药店则彻底退出。今天双方就是要来签这个协议的。

早早穿好了官服，王省三从省庐出发，前往官衙。杭州商会的代表已然到了，看到王省三齐齐起身："王大人受累。"大家坐下来喝茶等候，日本商会代表却迟迟不至。做外交的本来练的就是水磨功夫，王省三端坐堂上，不动声色。能够选出来做杭州商务代表的几人，自然也是家资巨富、长袖善舞之辈，平时俱都城府很深，然而这个时候却一个个坐不住了："王大人，这日本人，该不会临时毁约，不来了吧？""这倭人，有什么信用可言，我们莫不是又被他们耍了？"看几人议论纷纷，王省三方慢悠悠道："诸位少安毋躁。日本人今日若是不来，那买下他们药店存货的事便就此作罢。无论如何，都要让他们退出杭州城。"各人一听，心下顿时安定。

快近中午时，日本商会代表才姗姗来迟，态度颇为傲慢，上来便是一通日语。王省三悠悠然以日语回复。几个来回下来，日本代表一脸愤愤，坐了下来。王省三拿出早就准备好的条款，中文日文都有，摊在桌上，供双方审阅。杭州商务早就看过条款，并无异议。日本商务却指东画西，争论不休，王省三照例款款应付。直到下午，日本代表方才签下条约，怒气冲冲离去了。

杭州商会诸人这才问道："王大人，方才你们在说些什么？"王省三搓搓脸："还能说些什么？来来去去不过是这些话。对方纵花样百出，我方守住底线，如此而已。"众皆叹服，拉着王省三的手，钦佩道："交涉之事，真不好办。王大人受累了！"王省三拍着众人的手，此时也感慨万千："都是同胞，有什么可说的。我不过多走过些地方，多些耐性，会几句鸟语，哪里有什么本事呢。幸好诸君知我，我纵百死而无憾了。"

众人散去，王省三坐着轿子回到了宝月山上的省庐，一进门便瘫坐在椅上一动不动。下人忙捧上热手巾把来，烫烫地擦一个脸，又服侍更衣，换上舒适轻巧的香云纱宽袍，浓浓地沏上茶水来。王省三啜一口龙井，微闭双目，只觉身心俱疲，再也撑不住了。

第二天还是得上衙去。到衙门没几刻，门子忽然通传，说刘二爷递进了帖子，要来谈事。这可把王省三生生惊着了。刘家二爷是刘镛的第二个儿子，名叫刘锦藻，不但是个二甲进士，且家资巨富，要学问有学问，要地位有地位，要财富有财富，学界、政界、商界都玩得转，且还是状元郎张謇的知交好友。

这位刘二爷在宝石山上筑有坚匏别墅，那可是个不得了的园子。刘二爷若起了游兴，想上吴山一转，顺便到省庐来逛逛，王省三倒不算意外。只是到了衙门里，又郑而重之地递了帖子，想必是有什么事，且一定不会是小事。

王省三想到此处，赶紧亲自迎了出去，将刘二爷让到厅上坐下，寒暄几句，便静听二爷有什么说法。刘二爷略一沉吟，便道："王大人好久不到寒舍歇脚了，想必是公务繁忙，久不出城了。"王省三连道不敢："澄如兄敬请直言。"刘锦藻斟酌语句，说："如此我便不客气了。不知省三兄可知道梅藤更？"

梅藤更是英国传教士，也是广济医院的主持人。身为浙江交涉使的王省三，岂能不知此人："愿闻其详。"刘锦藻慢慢说："我素知此人名声不错。不过省三兄若是上宝石山上一转，便可知他在山上大举圈地，快将整座山都吞了。寒舍忝在山边，对此事略知一二。想着不太妥当，因此来告诉一声。越俎代庖之处，还望王大人见谅。"

王省三大吃一惊："竟有此事！我竟全然不知！全赖澄如兄相告，否则真是万死莫赎。今日我便与兄一起去山上一看如何？"英国人竟在杭州城外山上圈地，这是何等大事，王省三只觉遍体生寒。

这刚赶走了日本人，又来了英国人。况且此事着实不好办，实在是日本人讨人憎厌，人人喊打，有民众的支持。这梅藤更却是个教士，救治了许多病人，还为儿童接种疫苗，市民们不但不厌恶他，还对他十分亲切。这就让事情更为棘手。

刘锦藻与王省三离开衙门，一起去宝石山上。现场察看了之后，发现此事极为复杂。原来这梅藤更为人十分圆融干练，在杭州施展出八面玲珑的手段，既为杭州人做了实事，又传了教，还结交了不少朋友，更为自己置办了许多地产、房产，可谓面面俱到、处处周全。英国、教会、自己、杭州民众都得了利，本来是极好的，王省三也觉得他省心，慢慢地也不再在梅藤更身上花心思。

只是这梅藤更事业越做越大，医院越办越多，自己的地产房产也是越置越多，到了后来不免越界。这次引起刘锦藻警惕的事，起因是梅藤更想建广济疗养院和肺病疗养所，看上了宝石山上的地块。

梅藤更是个经验丰富的房地产投资人，他认准了保俶塔周围的土地，山既不是很高，又可俯览西湖之景，无所遮挡，光线充足，是绝佳的疗养及建造别墅之地。只是这块地是圆通寺的庙产，历来无人染指。但这传教士确是一个人才，他竟然以慈悲心之名义，说动了圆通寺的方丈，将塔边土地悉数租下。

省庐

王省三去看之时，梅藤更已经建起了疗养院，同时正准备建造疗养院的附属建筑，当然这里头也包括他自己和另外几个英国人的几处别墅，林林总总，竟将宝石山圈占了大半。往常大家抬头看到保俶塔，总是一支干干净净的石塔，不过顶上长些乱草而已。此刻再看，塔边空地上全被欧式白色建筑占满，不伦不类，极是难看。

坐在坚匏别墅中，刘锦藻喝一口茶，以他独有的慢悠悠的语调说道："建医院本是慈悲心肠，只是哪里不好建，非要造到塔边上来。这可是杭州的风水眼，大不吉。"刘二爷平时住在上海的时候为多，最近想来杭州小住，一抬头却看见了这个，很是糟心。又发现山上处处都是英国人在建房子，以他的敏锐，自然发现了问题所在，这才告知王省三。

保俶塔曾被日本人占去，成了日本领事馆的区域，只能供日本人游玩，中国人不得入内。后来民怨沸腾，经过反复交涉，花了重金，才拿了回来，中国人又能上去了。现在倒好，又被梅藤更用医院的名义封了起来。

王省三回去之后，调阅了地契往来，又召了圆通寺的老和尚来问话，终于搞清楚了事情原委。原来梅藤更只花了一百零二块大洋就租下了这块地方，合六七亩地。当时他在租地时表示，所租地块并不包括保俶塔，不会建围墙。结果一建起医院，他就以肺病有传染性为由，将整块区域封了起来，将塔围在建筑当中。圆通寺的老和尚看情形不对，上前阻拦，又被英国人恐吓，吓得不敢近前。不但如此，英国人还占了宝石山上许多好地方，为自己建造别墅。

再仔细查阅，才发现，梅藤更已经在杭州置了几十处产业了，真真是个不吃亏的。

王省三想了半日，亲自前往山上拜访梅教士，先是感谢他为杭州民众所做的实事，又请他退还宝石山上所圈之地。梅藤更自然不肯："我这是为了你们好，山上阳光充足，空气新鲜，对于康复效果很好。"王省三委婉地说："杭州三面环山，有的是阳光充足、空气清新之所在，何必要挤在湖边？"梅藤更亮出租契："我是经过贵国正规手续租赁的，应该得到保护。"王省三还是微笑："我已经看到了，梅教士您在杭州已经拥有几十处地契了，且都在大好位置上。您比我都要富有几十倍了，照我看，差不多可以了。"两人表面上客客气气，实际上唇枪舌剑了一番，并无任何成效。

回去之后，王省三便拿着帖子前去拜访了刘锦藻，两人密谈了半日。当天下午，便有大批宝石山边居民到塔下的医院扔石块，又有人四处说，这洋医院挡住了阳光，坏了风水。众人一听，又到山上一看，都觉得是这道理，便纷纷向官府举告，要求梅藤更撤出宝石山，归还已圈占的土地。此事越闹越大，闹到后来，圆通寺的和尚也向官府提出了诉讼，说有土地纠纷。

最后还是老办法，英国人退出在宝石山上所占的土地，由杭州清政府给予补偿。此事总算是又解决了。

弱国无外交，桩桩件件，都是难办之事，一个失误，便是遗恨百年。王省三给自己的住所取名"省庐"，想来除了应自己的字号之外，也的确是在提醒自己，时刻警醒，不可轻忽。

坚瓠留余傻公子

这一日，许广平的好朋友杨霁云收到鲁迅的来信，信中提及鲁迅所购买的嘉业堂印书："前见其所刻书目，真是'杂乱无章'，有用书亦不多，但有些书，则非傻公子如此公者，是不会刻的。"

杨霁云乃是江苏人，自然知道藏书巨富且自己开版印刷的嘉业堂的大名，对于嘉业堂主刘承幹的大名也有耳闻，只是她年纪小，一下子分不清鲁迅所说的"傻公子"是贬是褒。后人说起刘承幹，也常引用鲁迅给杨霁云的信中之语，也理解不一。有些人说鲁迅是讥讽刘公子只有几个臭钱，却无鉴赏能力，刻印不精，是说他真傻。也有人说，鲁迅是在同情刘承幹。当然也有人认为，这是鲁迅对刘承幹的赞赏。

其实后来，鲁迅写过《病后杂谈》，里面提到刘承幹，感叹道："对于这种刻书家，我是很感激的。"

刘承幹是刘镛的长孙。这位南浔巨富共有四个儿子，长子在到杭州应乡试时染病，早早过世，没有留下子嗣。因此刘家以二爷居长。刘家二爷刘锦藻文韬商略，都是一等一的人才，既中过举又能运营巨大的商业帝国。为着长兄早逝，刘二爷遂将自己的长子过继给长房，也好让长嫂有个依靠，让长兄有个传承。过继的这个儿子，就是刘承幹。

因而刘承幹不仅是刘家宗谱上的长子长孙，也是实际上的长孙。同时，他是长房唯一的继承人，也是二房实际上的长子。他的宗父早逝，由他名义上的叔父，实际上的亲生父亲抚育成长，生长环境之优渥，无人可比。

刘镛死后，四房均分祖产，各自发展。相较其他的堂弟们，刘承幹独自继承了长房的全部产业，后来二房还对他多有补贴。更重要的是，他作为刘家长房唯一顶门立柱的男丁，可对产业全然自主，想做什么就做什么。

刘家教养子弟极为严格，尤其重视读书，作为承宗之子，刘承幹更是颇具大哥风范。富家没有不爱收藏的，刘家几兄弟都各有所好，均耗资不小。二爷刘锦藻爱古籍书册，三爷刘梯青收藏青铜器和玉器，四爷刘湖涵最爱书画。刘承幹和生父一样，痴迷版本目录，平生以藏书刻书为己任。

刘家几房平时在南浔老家的时间都不多，大部分时间都在杭州、上海各地处理事务，省城杭州尤其是他们的盘桓之地。

二爷刘锦藻在杭州宝石山上建了一所大大的坚瓠别墅，占地十七亩，房屋数十间，依山势而建，正屋楼台铁栏全用坚瓠篆文铸成。整个别墅回廊环绕，处处池塘庭院，极具江南园林的美感。北部建有桂花厅，样式传统，檐梁精美。临北山路有两层洋楼，名为无隐隐庐，和谐雅致。楼西还有二亩池塘，见者皆叹精美，俞平伯便曾在此流连不去。

坚瓠别墅前前后后建了二十几年，刘锦藻没有工夫管，大都由刘承幹负责建造事宜。刘承幹便常常在宝石山上流连。

那日他出门，见门口照例等着一大群贫儿。盖因某次出门，有贫儿向他求乞，于是他随手摸出一个银圆给了。那贫儿当下惊得呆了，这可是响当当的银圆，还是他第一次拿到手呢。这下引起了轰动，每次他出门，都有贫儿等着施舍。刘承幹也不在意，他当惯了散财童子，在南浔老家便是如此，到杭州来不过换一些人接济。

今天刘承幹是要去大佛寺另一边看地。前段时间英国传教士梅藤更借造疗养院之名，在宝石山上圈了许多地块造房子，现在二叔出面找了王省三，将地都退了出来，刘承幹准备买上一块，造一幢房子，既可自住，又可藏书。

看过之后，发现在中意的地块上，已有英国人建好的一幢洋楼，一切现成。刘承幹遂直接买下，稍加改造，为它取名"留余草堂"，刘与"留"谐，留余者，取其留有余量之意。三叔在葛岭造了个"孤云草舍"，他便在宝石山上也取名"草堂"。

入住留余草堂后，刘承幹开始大行慈善之事。原来只是出门给贫儿散散银圆，自此之后却以慈善为本业了。起因是有一日他在草堂凭楼远眺，看见有人往西湖中投尸骨。过几日他出门散步，又见有人在湖边挖婴儿枯骸。又过了几天，他沿湖出行，脚下"赫然有声"，低头一看，已踩破一具露出浅土的头骨……贫家竟至死无葬身之地，悲寂恻然之余，刘公子发愿为无地可归的骨魂购地掩埋，便买了岳庙后面的山地，"三四十年来，成冢盈百"，同时还置田二十余亩，供守冢祭扫者之需。此后一发而不可收，他又在苏杭沪等地建育婴堂、苦儿院，大兴善事，

坚甀别墅

"岁至万金，二十余年不替"。

现在常有人说，刘承幹是近代以来最大的败家子，偌大一份基业，在他手里败得干干净净。又说他败家之源是为了购书、藏书、印书。其实刘承幹真金白银做慈善，才是最大的花销。某种意义上来说，他的购书、藏书、印书，也是一种文化慈善事业。因此鲁迅才说他是"傻公子"，因为只有他，才能不计工本，不求回报，以一己家财做出这么大的场面。

这天，他正在留余草堂中校勘古籍，整理目录，忽然门房来报，说三房的大少爷来了。刘承幹甚是惊异，只因三房这位大少爷刘俨廷虽然也常住在杭州，但平日里最喜欢的是抽大烟，对于刘承幹孜孜求索古籍目录的行为毫无兴趣，更对宝石山上的坚甀别墅和留余草堂都全然不喜，嫌不够热闹，向来少有登门。

刘承幹赶紧放下手里的工作迎了出去："廷弟向来

可好?"刘俨廷一脸怒色,坐下便说:"好什么好!大哥,盛家要跟我离婚,你说怎么办好?"刘承干听了倒松一口气,刘梯青为长子娶的太太是官商巨富盛宣怀的女儿,本为两姓结一好,多有方便。然而刘俨廷是个纨绔,不是抽大烟,便是娶如夫人,若他娶的是小门小户的女儿还好,偏又娶了沪上第一富的娇女,哪里能忍得下这口气,闹离婚是常有的事。刘承干是家中的大哥,平时立身行事又极为正派,家里大事小事都要找他调停,他也习惯了。

刘俨廷一脸愤愤:"她生不出儿子,我娶个小的生儿子,又有什么不对了。动不动就离婚,当我刘家稀罕她么。"刘承干叹口气:"你先在杭州住几日吧。过几天我就回湖州去,到时候再帮你劝劝。"刘俨廷张了张嘴,没说出话来。刘承干会意:"若不嫌弃,你住我这里也可,住二叔处也可。我这里倒是清静些,正好也煞煞你的脾气。"

刘承干自己当这一房的主,是当家主事的人,想怎么花钱就怎么花。但刘俨廷可不一样,他父亲尚在,自己又没本事,是靠月例过活的。靠份例自然是不够花的,因此刘俨廷不止一次摆出大少爷的谱来,逼着账房给钱。账房自然只听老爷的,哪里买他的账,因此刘俨廷和家里设在湖州、杭州、上海的账房全闹翻了,还不止一次闹出全武行,打得账房头破血流,报警才算完事。为此,刘梯青禁了他的足,让他在湖州好好待着反思,刘承干也不止一次帮他求情告饶。这次来杭州,想必又是违规出的门,那小方壶斋自然是不敢去的了,只得委屈他住在城外了。

刘俨廷是带着姨太太来的,他原离不开女人侍候。住下之后,闲来无事,他也好奇地看大哥忙忙碌碌。这一日,缪荃孙嫁女缺嫁妆,拿来十四种宋刊本和四种抄本，要价二万元。刘承幹毫不还价，干脆利落就收下了，惊得刘俨廷跳了起来："大哥！我只知道你有钱，竟不知道你这么有钱！那盛家嫁女儿，带过来的陪嫁才九万块。"刘承幹哭笑不得："那么多地契房契，古董字画，都不是钱？谁拿着成箱的现洋嫁女儿。你呀，也该学着点了。"

那刘俨廷整日无事，便是抽大烟睡大觉，他也不爱湖光山色，也不爱看书，也不爱古董，也不爱佛学，住在这宝石山上便如坐牢一般，十分头疼。过了几日，湖州老家来人求见，告诉刘承幹，刘俨廷的太太看丈夫一走了之，毫无负责之态，怒火中烧，也自离家出走了。刘承幹一听，这事儿闹得大了，赶紧去告诉堂弟。这时已快近中午，他到了刘俨廷房中，却见这大少爷还在呼呼大睡，不由得上火。只是他素来是谦谦君子，也不好发脾气，按捺怒气轻轻唤道："廷弟起来，廷弟起来。"连唤数声，毫无反应。还是姨太太看不下去，上前便是一顿胡搓乱揉，将这大少爷叫了起来。

听说太太离家出走了，刘俨廷也吓了一跳，知道此次绝不能善了了。刘承幹很是头疼，刘俨廷却摩拳擦掌："正好摆脱了这个妖婆，让我过几天舒心日子。"又过了几日，居然收到了法律文书，原来盛家请了著名的律师，要和刘家打官司，离婚之后还要索要巨额赡养费。事情更复杂了，刘俨廷早已缩头不出，连着几日都极为乖巧，一声不吭。刘承幹只得与三叔商量，看怎么办。

大家都倾向于撤案，不要离婚，这样既不用支付巨额赡养费，也免得大少奶奶的位子一空出来，刘俨廷又起幺蛾子。"多一事不如少一事，不离最好。"刘承幹将利害关系与刘俨廷逐一剖明，"又何必非要执着于离婚。我们家房子这样多，你住湖州也好，杭州也好，她只回上海去住。即使你去上海，也不必和她照面。各过各的，岂不和气？"谁知刘俨廷不干："非离不可！我一天都过不下去了。"

刘梯青早和刘承幹说过，这三房大少奶奶的位置可不是一般女人能坐的，这个儿媳妇当初也是自己千挑万选来的，足以担任宗妇之职，要不是儿子太不争气，断然不会闹成这样。这桩婚事，还是不要离的好。刘梯青最怕的就是自己百年之后，长子承宗，不知从哪弄来一个不三不四的女人当宗妇，那真是死不瞑目。

刘承幹与堂弟再三分说，这纨绔弟弟只是不依。刘承幹便与他明言："盛家除了要回九万元嫁妆之外，还要赡养费六十五万之巨。这九万元早被你挥霍殆尽，这样三叔父总要出七十几万，才可了结你这桩官司。如此巨额费用，让三叔上哪里去找。你便懂事些罢。"

刘俨廷只是不依："大哥，你买几本破书都花了二万，这可是我亲眼所见。我爸有钱，七十几万不过你买几十回书的价钱。我看你光放在这里的藏书，就不止几万本了，那得多少个二万。我爸放在小方壶斋的古董你都看到了，你这几页破纸都这么值钱，他那里真金白玉的，还不知值多少钱呢。你出个门都要撒个三五十块，这七十几万只是我爸的九牛一毛，你不要替他心疼钱。"刘承幹气得笑了："廷弟，你就不能懂点事？你住的这留余草堂，我买来不过几百块。那二万块是难得的特例，里面有宋本，有明本，还都是孤本。"刘俨廷听也不听："笑话，拿钱要挟我们刘家。我们刘家是能被钱难倒的人家吗？大哥，你快些和我爸说说，让他麻利点，拿钱让她走人。我反正是再也过不下去了。只要她一天还是我的正经太太，她就能打上门来，到时候吃亏的还是我们刘家。"

刘承幹和他说不着，气得懒得理他，顾自请了律师去打官司。几次开庭下来，刘承幹又和弟媳约见，相谈多次，情势渐渐缓和下来，法庭也要求双方和解。刘承幹作为大哥，居中调停，极是耐心，也用自己的脸面，再三承诺刘俨廷不会骚扰对方清净。终于到了最后一个环节，刘承幹代表刘氏家族向法庭提交了和好的申请，这事就算过去了。刘承幹长舒了一口气，家大业大便是事多，这一耽搁，自己刻印书籍的进度又拖慢了不少，好多人到了嘉业堂都买不到书。文化人一支笔头了得，报纸上不止一次有文章讲到此事，大有抱怨嘉业堂行事不专业之叹，哪知是因为东家在帮弟弟打离婚官司呢。

自上次谈过，刘承幹便不再理刘俨廷，只是晾着他。刘俨廷也好，守着每月三十块的份例，和小老婆优哉游哉，只是好吃懒做。刘家对他不作他想，只当养了只米虫，光是吃吃饭，抽抽烟，养养小老婆，原也花不了几个，因此并没有人把他当回事。

谁知刘俨廷也在暗中关注打听。刘盛两家打离婚官司，那得是多大的事，小报记者早在法庭上了解得清清楚楚，一五一十写在小报上。刘俨廷那日在小报上看到，刘承幹已经代表刘家递交了和好申请，不禁一跳三丈高，亲自从烟床上爬起来，直奔法院，以当事人的身份将此申请撤销了，并且还在法院大闹特闹，表示："我要离婚！一定要离婚！"而法院要他正式出庭时，他又跑了。

消息很快传到刘承幹耳中，把他气个半死，当夜，刘承幹在自己的日记里怒气冲冲地写道："此事我早嘱其不要过问，而伊不听，真可谓神经搭错！"

在日记里泄完愤之后，刘承幹也懒得再管，这事便一直拖着。盛家女儿离家出走，无处可去，当然只有回盛家，几年旧婚姻折磨，她得了神经病，后来早逝。而刘俨廷为了钱闹出无数事端，小妾也吃安眠药自杀。刘梯青后来也因抽鸦片被警察局拿获，日本人打进来之后，刘家更是家运与国运一起，一落千丈。

之后，整个刘家败落，刘承幹再也无法承担各地的庞大开支，只得将书都运到了老家和上海，草堂就此易主。

刘承幹的经营意识的确薄弱，也确然是个书痴，是个行事没有想过回报的"傻公子"，可若是说，是他因买书、藏书、刻书将偌大一份家业败空，实在是无稽之谈。他在版本目录学上所做的贡献，全赖于这份傻气。

盛世收藏，有了家资巨万，不若行一些"傻"事。都如刘俨廷一般，才是真的败家。

燕南寄庐满风霜

咭咭咯咯梆子腔，头等名角金玉镶，阿哥阿姊认勿出，只差子有个郎里郎。

六月雪做天仙园，九更天做阳春园，两家戏文凄惨杀，侬侬看得心好酸。

——《拱宸桥踏歌》

这两首踏歌，说的是拱宸桥唱戏的一时盛况。《六月雪》与《九更天》是两本苦戏，"天仙""阳春"是当时拱宸桥最为有名的两家戏院，为了争夺观众，两家戏园子各出手段。

这天，天仙戏园为了招徕生意，就贴出了大海报："盖叫天拳打拱宸桥！十三岁少年，一人分饰四角！"

天仙戏园其实是个茶园，就在热闹的二马路上。当时拱宸桥的路名取得甚是简陋，一共三条路，便叫作大马路、二马路、里马路。但这三条小街上却有着七八家茶园，家家都可搭台唱戏。

这时候的拱宸地区刚刚才成为日租界，还没有被日本人糟蹋得百业萧条，仍是杭州最闹猛的地方之一，杭州城里反倒市面冷落。一到晚上，三条马路上人来车往，海报贴满路两边。连住在武林门以南，杭州城里头的市民，要想看戏，都得去拱宸桥。因此一到晚上，从城里出来的黄包车都能把马路挤得水泄不通。

这一晚，天仙茶园的海报引来不少人的关注。从那晚之后，盖叫天的名头就算是从此叫响了。

那会儿的盖叫天才十三岁，唱戏养家的哥哥病了。唱戏人家是没有余粮的，唱一天才有一天的嚼谷，顶家门的主角病了上不了台，全家便没有吃的。看看这个弟弟已经学会了十几出戏，模样又精神，虽然还小，但也得推他出去上台，为全家挣食。

本来盖叫天的艺名叫"金豆儿"，用在武戏角儿上倒是挺合适的，但是若要唱文戏，那就怪怪的。既然要到杭州搭伙开班首唱，那也得有个响亮的名字。戏班里的人没有文化，想来想去，说要不叫"小菊仙"？少年听了很是不喜，想到谭鑫培叫"小叫天"，少年便说，我就叫"小小叫天"吧。

谭鑫培名气大，少年本想沾点儿光，混口饭吃。谁知有人却瞧不上这孩子，冷笑说："就凭你，也配？"这一说，倒把少年惹急了，当即跳起来说："你怎么就看我不配？我不但要叫这名儿，我还要盖过他！"从此，盖叫天这名儿就叫开了。好几年后，谭鑫培来阳春茶园演出时，特意到台下看了看盖叫天的戏，看完之后与边上的人说："除了唱功之外，我看别的都比我还好呢。"

这盖叫天，生就这样一副争强好胜的脾气。他以后能唱出来，全靠这脾气撑着。但他这一生吃了这么多苦，也和这脾气有关。

到了新的码头，又是新人亮相，务必要一炮打响。第一天，打炮戏是《天水关》，他饰孔明，是个老生。第二天换成《翠屏山》，饰石秀，是个武生，耍的六合刀，因为有武功底子，耍来得心应手，引来台下轰然叫好。第三天唱《断后龙袍》，演的是李后，行当是老旦。第四天，上的戏叫《十八扯》，讲兄妹两人在磨房中一边磨粉，一边唱小曲儿。盖叫天扮的是妹妹，算是花旦，踩着小高跷，特别讨喜。

一个孩子，四天里唱了四个不同的行当，尤其是武生，还从来没有听说过有十三岁的小武生呢。这四个行当还都演得像模像样，自然很招人疼。头一天反应平平，第二天叫好儿的就多了，第三天便红了，第四天戏馆便开出了七十元一月的包银，着实不少了。小小的少年，从此便担起养家的重担，给老娘买米下锅，给大哥买药治病，都在他小小的肩上。

盖叫天在天仙唱了有八个多月，阳春戏馆看着眼热，加了十块钱包银让他过去。在阳春唱了五个月，又回到天仙唱三个月，前后在杭州唱了有一年半。因此杭州实实在在，是盖叫天起家的地方。

到底还小，身子骨还嫩，这样高强度的唱戏，终于让盖叫天累倒了，高烧不退，整个人都迷迷糊糊的。那时，杭州拱宸桥的天仙园附近有一个张大仙庙，旧艺人迷信，逢庙必拜，盖叫天也叫班子里的人带着去拜过，印象很深。恍惚间，盖叫人被人叫到庙子里唱戏，第一出唱的是《伐子都》，唱完了不放他走，又要求唱了一出《白水滩》。这两出戏都得卖力气，把盖叫天累得大汗淋漓，直喘粗气。

盖叫天像

忽然累醒了，这才发现，啊，原来还是睡在床上！出了这么多汗，烧退了下去，在边上照顾的母亲连连念佛，直说这是杭州城的张大仙在保佑，又说杭州是他的福地。病好了之后，母亲便带盖叫天去了张大仙庙，给大仙做了一个寄子。

这一次又累又病，身子骨虚弱得很，等能够起身，小小年纪的盖叫天，竟几乎掉光了头发。这一年实在艰难，父亲去世，大哥病重，自己也生病上不了台，家里只能靠典当过日子。眼看山穷水尽，虽然腿还软着，人还佝着，也只能上台去挣钱。

那天晚上要重新登台，正逢初一，是烧香的日子。这样的凶险，自然也要去拜一拜才安心。一大早，盖叫天和大哥便去灵隐烧了高香，只希望保佑在台上平平安安。那晚的戏码是《花蝴蝶》，要在台上连翻三张台子，一个撑不住，就能摔死在台上。往年，并不是没有这样的事，人活活碰死了，观众还要叫晦气。盖叫天的腿还是软的，一想到晚上的戏，心里就扑通扑通地跳，生怕摔死。但如果不去唱，那也是饿死。

从灵隐回来，盖叫天和大哥便在九里松路边的亭子里歇脚。那时盖叫天身上穿着铁巾纱的大褂，里面是生丝挂衬，脚上着一双云头厚底鞋，头上梳着根油光大辫子，手里拿一把玉带雕毛扇，两头黑中间白，有尺把多长。看上去是个体面的小公子，谁能想到他心里却是七上八下，尽是恐惧。

坐在亭子里，盖叫天看着外面来来往往烧香的行人，有推车的小伙子，有挑担子的姑娘，有拄拐棍背香袋的老太太，有骑着马、坐着绿呢大轿的官员，只是在心里想：大家看着都挺精神挺开心的，我看着也挺精神的，但却不知道，今晚还能不能活着下台。

正愁着，猛抬头看见亭里挂着一块横匾，上面写着三个斗大的字——学到老。盖叫天对着这匾细细揣摩这话的意思，心里暗暗地许着心愿："要是今晚不摔死，能太太平平下得台来，今后我一定天天练功学习，一天不断，直学到老。"日后，盖叫天时刻记着这句话，还特地请黄宾虹老先生给他写了个横幅，挂在家里作为督促自己的座右铭。

晚上，锣鼓声响，盖叫天一口气从三张台子上翻下来，虽然没有摔着，但到底人还虚，落地时上下牙用力一碰，把舌头砸破了。一阵剧痛，所幸脸冲着台里，观众看不见，便忍着痛把血吞下去，然后才像没事似的转过身来继续唱。这一年，盖叫天十四岁。

后来也正是在《花蝴蝶》这出戏里，还是在杭州，盖叫天摔断了左臂。

盖叫天终于唱出来了，虽然中间经历了倒嗓、断臂、断腿、自己将没接好的腿敲断重接、被流氓欺侮的种种困顿，到了三十几岁，他终于攒够了钱，在西湖边的金沙港上买了地。买完地，没有钱建房，只得还是租房住。又攒了五年，才够钱建了一处"燕南寄庐"。为了建这一处属于自己的宅院，盖叫天一家积攒了很久的砖瓦和木料。

盖叫天是名角，却因不肯唱堂会，被各种势力排挤，很久都上不了台。有好多年，甚至只能靠典当行头度日，造这处房子，于他可谓十分艰难。这个从小吃不上好饭的角儿却说："我表演草莽英雄，是因为我爱那些英雄。你们知道唱'堂会'是如何丢人吗？上面演员唱戏，下面那些公子哥儿搂着女人的脖子嘻嘻哈哈。这种场合里叫我怎么演武松！怎么表演英雄！当然，我不能要这样的钱，不能为要这样的钱而糟蹋了艺术，更不能为要这样的钱对不住古来的英雄。"

燕赵多慷慨悲歌之士，盖叫天乃是燕人，祖籍河北，在他十二岁到南方来之前，从来没有吃过大米，甚至没有吃过白面，一直吃的都是黑面、黄面。然而不管怎么样，他都没有忘记自己的老家，给自己屋子取的名字，意思也是燕北人寄住在江南。

燕南寄庐今仍在，在西湖边的金沙港，从赵公堤进去，与花圃隔河相望。粉墙黑瓦，砖地木壁，分前后两进，前即"百忍堂"，后为四合院。

门楣上"燕南寄庐"四个字，乃是马一浮先生的亲笔。书房里，挂着黄宾虹先生所书的"学到老"。盖叫天牢

燕南寄庐满风霜

燕南寄庐

牢记得十四岁那年的想头，一生练功不懈。以前金沙港一带没有电线，晚上便只能点蜡烛照明练功，拳脚生风，常把烛火扇灭。他到老都保持着武生的气质。

正厅名曰"百忍堂"，正是他这一生忍过千百种苦痛艰辛，终成大器的写照。

慈惠别墅无慈惠

杭州之山明水秀,人所共知。但凡有些身份地位的财富之家,几乎都会想方设法在杭州买地建房置业。尤其是西湖之畔,孤山之旁,常有一些精致的建筑,风格或西洋,或传统,或中西结合,不显孤单,反觉清逸。主人或许不常在,但若一探究竟,便是能震动一方的人物。

尤其是孤山的北边儿,那儿稍稍清寒些,一向少人筑屋,格外清幽。著名的隐士林和靖便在那儿隐居,梅妻鹤子,与他的猫儿相伴。林和靖游遍杭州湖山,独爱此处安静,不但结庐在此,且为它写下千古诗篇:"泉石年来偶结庐,冷挨松雪瞰西湖。高僧好事仍多艺,已共孤山入画图。"

正是在这样一块冷松、冷梅、冷雪的冷地,一位炙手可热的红人建了一幢很是雅致的别墅。这所房子孤零零地在孤山、葛岭和西泠桥之间,附近只有两处墓地,一处是苏曼殊的,一处是竺绍康的,此外就是一片空旷。这是一座砖木结构的台座式平房别墅,建成曲尺型,面对里西湖,窝在孤山脚下。庭前有一座大大的露台,花木扶疏,湖光山色尽收眼底,正是度假的好去处。

慈惠别墅旧影

这位红人便是何应钦的内弟,时任交通部部长和交通大学校长、吴淞商船专科学校校长、大夏大学董事长等职务的王伯群。杭人喜欢用主人的姓氏来称呼屋子,有人便称这幢房子为"王庄"。也有人说,这叫"清雪庐",一来暗含此庄地理位置的特点,二来王伯群斋号"清雪庐"。但其实,这处别墅与王伯群建在沪上的房子一样,叫作"慈惠别墅"。这处房子,还有一个别称,叫"王电轮庄",王不必说了,电轮是因王庄边上有一处电轮所在,上面建有碑亭,里面的碑是汪精卫撰写的,现在当然早已不存。无论如何,杭州人都非常清楚,这是王伯群的产业。

王伯群是贵州人,他在老家建有大宅,在上海更有许多豪宅,在杭州也布置了幽居之所。仅从这点,就可以看出此人一路青云,名声地位着实不低。

从后世的评价来看,王伯群也算是一个能人干吏。他既从政又办教育,还是有功劳的。从反袁世凯开始,他就已经参加了国民革命,近代中国几乎所有的大事,都能看到他的身影。

1915年，袁世凯称帝，王伯群与贵州的进步党党员戴戡等人策划反袁起义。同年12月，王伯群帮蔡锷回到云南，参加同云南将军唐继尧的谋议。护国战争爆发后，王伯群以及弟弟、黔军将领王文华向对起义持消极态度的贵州护军使刘显世施加压力，后来刘显世终于倒向了护国军方面。此后，王伯群成为护国军的干部之一，为1916年6月护国军的胜利发挥了领导作用。

此后，王伯群在贵州省内参与采矿相关业务，先后任裕黔公司董事、群益社理事长。1918年11月，他作为贵州省长公署代表前往广州，支援孙文的护法运动。1919年，王伯群加入中华革命党，作为刘显世的代理人常驻上海。王伯群作为贵州省的代表，同美国的华侨会社签订了改建渝柳铁路的借款合同，王家兄弟一直坚定地站在孙中山的一边。

王伯群还是国民政府首任交通部部长，成为各项交通事业的奠基人，特别是在电信、航空方面取得显著成果。

政治活动之余，王伯群还积极从事教育活动，比如继马君武之后任大夏大学校长。抗日战争爆发后，是王伯群帮助教育部将大夏大学及复旦大学迁往内地的。抗战期间，王伯群在重庆的江北陆军医院因胃溃疡逝世。1946年，大夏大学在校园内修建"思群堂"，以纪念王伯群，现址位于华东师范大学中山北路校区内。

不过，这位深具名望，在政界、教育界和金融界都长袖善舞的人物，在杭州的名声可不佳。杭州人称慈惠别墅为鬼庄，认为从风水来说，那是阴地，只合做墓地，不宜住活人。不然这大好地块怎么只有两座墓，都没有别的屋子呢？

这还不算，杭州人都道慈惠别墅的主人豪宅无数，挥霍民脂民膏。王伯群丧偶之后，相中了自己的好友，上海市局局长保君健的侄女保志宁。保志宁是夏大校花，更被称为中国十大校花之一，是出了名的名媛。王伯群是大夏的校董，还曾任过一阵子校长，有一次，他去大夏演讲，保志宁上台献花，从此相识。王伯群比保志宁大二十四岁，比保志宁的爸爸还大六岁，但几个月接触下来，保志宁便允嫁了。

高官、豪富、美女、年龄差……所有一切因素都十分劲爆，这在当时成了沪杭两地最重大的新闻，各大报纸刊物，乃至八卦小报，纷纷报道、讨论，各种版本纷纷流传。那句著名的"学校不是济良所，也不是小老婆养成所"，就是针对这件事说的。

王伯群早逝，又是一个成熟的政治家，自然不会对此发表意见。但保志宁后来出过一本回忆录，里面很详细地写了他们的交往与结婚经过，替自己，也替王伯群喊冤。但是老百姓可不理会这些，有关这桩婚姻最流行的坊间传说便是"娶了一个美女，造了一幢豪宅，丢了一个官职"。

造了一幢豪宅，便是指上海的慈惠别墅，其实在杭州还有一处慈惠别墅，杭州人可不会忽视，早就传得沸沸扬扬。

有关王伯群再婚的消息被报道得极为详尽，尤其《申报》发了长篇特写，从礼堂布置写到天气状况，连五百多名来宾中有"外宾十余人"都没有遗漏。保志宁先穿白色西式礼服，后换上粉红旗袍。证婚人是张群和许世英，总商会会长虞洽卿、青帮的杜月笙等黑白两道的头面人物来了不少。所载细节十分丰富。

老百姓们看完报道，很是气不过，杭州便有一个读者给《生活》杂志写信，揭露交通部部长王伯群贪污腐化、生活糜烂，虽然年过五旬，仍逼迫上海一位漂亮的女大学生做他的小老婆，结婚典礼之奢侈气派，不亚于蒋宋婚礼。并指他动用公款，在沪杭两地都建造有豪华别墅，以金屋藏娇。此人定知内情，在信中告知，给王伯群造豪宅的这位"辛丰"营造商，同时也是大夏大学教学楼的营造商。

王伯群的婚礼早已人尽皆知，《生活》的主编邹韬奋先生自然清楚。接到来信后，他派人暗访，发现读者来信中所言基本属实，这两处婚房由执教大夏大学的建筑师柳士英主持设计，总造价近五十万元，装修费用还不包括在内，但王伯群只付了大约十八万元，大部分算在了公家账上。

于是邹韬奋便对来信作了略微润色，加了编者按语，准备在"读者信箱"栏发表。据说，王伯群事先接到了风声，欲以十万光洋收买撤稿，被《生活》拒绝。

《生活》刊出了稿件之后，民众大哗。《大公报》又趁热打铁，刊出了另一封读者报料，说保志宁婚前开了三个条件：第一，赠其嫁妆十万元；其二，婚后供其出洋留学；其三，为其购置一幢花园别墅。王伯群尽数满足，两人才得以成婚。

因为引发了太多的争议，监察委员提出对王伯群弹劾的议案。王伯群辞去了交通部部长的职务，不过还保留着国民政府委员、中央执行委员的头衔。

这两个报道让民众坐实了王伯群贪腐的名声，西湖边的慈惠别墅让杭州老百姓说成是鬼宅、阴地，诅咒连连。

王伯群时不时携小娇妻来湖边度假游玩,每次都会遭遇白眼。幸好他的别墅所处僻静,四近无人,才得些清静。

随着日本逐渐暴露觊觎中国的野心,中国民众反日的呼声也越来越强烈,杭州街头三天两头有抗日示威游行活动。

这年早春,正是杭州孤山北麓最美的季节,山间梅樱竞放,湖边柳丝如烟,王伯群又携眷来杭州小住。看房子的仆妇早已接到电话,打扫庭院、准备食材,忙得不亦乐乎。慈惠别墅与别处不同,有一个开放的大露台,从湖对面看来,很是清楚。站在西泠桥上,也可以清楚地看到里面是否有人。

眼看王庄内各人忙碌,有心人早就看在眼里,知道主人家就要来了。湖边的老百姓对此心知肚明,只是不以为意。那日却也有一群学生来赏春,他们在西泠桥上左顾右盼,观赏美景。忽然有人发现了边上的宅子:"那个园子不错,露台宽阔,还种了不少绣球花,有点英式风格,打理得真不错。"众人一看,果然:"也不知是谁家的宅子,位置真好,正对着里西湖呢。"学生们一番议论,也没有结果,看到边上有个卖白兰花的大妈,笑眯眯地看着他们。便有女生上前,买了几朵白兰花,在自己衣襟上别了,顺口打听:"大妈,这是谁家的房子?"大妈听了有一会儿,这时赶紧告诉:"主人家姓王,平时住在上海,高兴了来杭州玩玩。"有人若有所思:"姓王?这庄子可有名字?"大妈这可说不上来了:"有个名字,我不认字说不清楚。只知道主人家是上海的大官,是个部长。前段时间刚讨了个女学生当小老婆。对了,那个姓王的主家还是大学校长呢,是不是就是你们校长?"

话说到这儿，关心时事的学生，人人都知道这是谁了。"呸，他才不是我们校长。他也配！"男学生愤愤不平。女学生也羞红了脸："我们的大学才不是培养那种人的。"大家好奇地朝那房子看了一眼又一眼，原来这就是王伯群在杭州的别墅，建得还真好。

过了几日，杭州各界抗日示威游行又开始了。这一次是大规模的，社会各界都被动员起来了，杭州城里到处都是振臂高呼的游行示威队伍，大家从四面八方汇聚起来。其中有一支队伍便是从大学出发，一路经过西湖，沿途散发传单，做宣传动员工作。

走到西泠桥边，大家停下休息。住在附近的老百姓也恨日本人，一路准备了茶水给游行队伍解渴。那位卖白兰花的大妈，今天就在摊子边上摆上了免费茶水，大声招呼着："茶水免费，随便喝。大家停下歇歇脚，喝口水。"队伍停了下来，一边感谢大妈，一边纷纷上前喝水。大妈忽然拉着一个女学生的手："是你们啊！"学生们很高兴："是我们，大妈，谢谢你给我们水喝！"

大妈往四处望望，拉着那个女学生的手，走到一边，悄悄儿地说："那个姓王的，带着他的小老婆来了。现在正在里头呢。"说着朝那边努努嘴。

女学生扭头一看，可不是。在露台上，有一个西装革履、戴着眼镜的中年人，还有一个穿着旗袍的年轻女子，两人正坐着，一边喝咖啡，一边朝这里指指点点，脸上笑嘻嘻的，意态悠闲，仿佛在看戏。一个仆妇恭恭敬敬站在边上听唤，另一个仆妇正送水果上来。

这一看，气不打一处来。我们在这儿抗日，你们在台上看戏？女学生赶紧回去就拉着同学们看："看那里，就是王伯群！"顿时群情扰攘，气愤难抑。这时，各支游行队伍都赶上来了，聚在西泠桥边小歇。

学生们跑到游行队伍中间，有人就近站上了路边的石墩子，现场开始演讲："就在我们的祖国千疮百孔，饱受欺凌之际，就在我们的身边，有人身居高位，却不思为国服务，只知巧取豪夺。看！那边就是王伯群，他娶了自己的女学生做太太，把西湖边这么好的地方圈占起来，据为己有。我们现在的热血义愤，在他们眼里，都是在唱大戏！这对夫妇，他们喝着咖啡，吃着水果，赏着花草，把我们当猴耍！"

游行队伍原本并不知道这就是王庄，经这一说，大家恍然大悟，这便是那个强娶美女，用公款造房子，丢了官职的交通部部长，原来占了西湖边孤山下这么好的一块地。

露台上的王伯群夫妇本来悠然自得，突然发现自己成了众目所瞩，不由得警惕起来。再看众人脸上神色，俱各悲愤难平，王伯群政治经验极为丰富，立即拉夫人站了起来："快走。今日杭州举行各界抗日示威大游行，多事之地，不宜久留。"两人当即离开。

游行队伍见王伯群夫妇消失，更是有气没地方出。不知谁大喊一声："这样的地方，还留着干什么？"顿时招来一群呼和："跟我上！"于是一大帮人便直往王庄的方向而去。王伯群夫妇见势不对，直接坐车离开，回了上海。

等众人冲到慈惠别墅跟前，只有几个战战兢兢的仆人，房门大开。卖玉兰花的大妈和另一些百姓也混在其中："哎，这庄子平时就远远望望，这会儿也让我们看看，到底里面怎么样？"这几个仆人本来就是从当地百姓里来的，大家熟得很，大妈一声招呼："阿娣啊，又不是你家，犯不上，往边上站站，好让学生仔过去。"阿娣心说不错，仆人们也赶紧四散回家了。

大家进去一看，越看越气，这房子地板锃亮，四壁雪白，装修极为讲究。尤其在景观设计上很有心得，曲尺型的造型使得各个窗口都能看到不一样的美景。再就是那个大露台，西湖美景一览无余，更有奇花异草，遍植周围。大家站在露台上四面一望，便看到了西泠桥。从这个角度看过去，西泠桥上的人们可不就像在演戏？

发现了这一点后，学生们极为气愤，大家发一声喊，扔的扔，砸的砸，一起动手，把慈惠别墅打得稀烂。慈惠慈惠，既不慈，也不惠，留着干吗？

现在的慈惠别墅，索性叫了清雪庐，是一处茶室。坐在里面，清风明月，你在桥上看我，我在露台上看你，你是我的风景，我也是你的风景。

至于历史，说到底，那是人民的舞台，也是人民的看台。一处别墅，所见证的，是历史人物不同的一面。是非功过，自有后来人评说。

摹烟别墅真票友

"大爷！大爷大爷！您快去看看吧。"徐府的大管事张皇失措，手脚乱舞，冲进秋荫草堂厅内。徐贯云刚从上海过来，正想坐下喝口茶，却见一向稳重的管事全无章法，直冲进来。徐贯云见惯风浪，这时只不动声色，眼睁睁看着管事一跤摔在自己脚边。

徐家大爷拿起茶慢慢喝一口，想等管事自己爬起来好好说。哪知那管事晕头转向，半天起不了身。还没等管事起身，管茶水的仆妇又连滚带爬跑了进来，边跑边往身后看，嘴上喊着："大爷大爷，我的大爷，不好了！"这是怎么了？徐贯云眉头一皱。谁知片刻之后，自己的司机也直跌进门里来，到底年轻人手身矫健，在地上一个鲤鱼打挺，跳起来就关大门。好不容易起了身的管事和仆妇一见，仿佛开窍一般，也一起上去将门牢牢抵住。

徐贯云哭笑不得："你们这是演的哪一出？二爷那边儿天天演戏，也没见他魔怔了，你们这是编的新戏？"管事拉着一张老脸："大爷，这回二爷他玩大发了。你去管管吧。"司机一脸惊恐："大爷，我刚停好车子，就看到我们家园子里来了一只老虎，张着血盆大口，我差点儿就被吃了。"仆妇捂着心口，只是喊哎哟："幸好把门关上了,也不知道这老虎能不能闯进来。这可怎么好?"

"老虎?"徐贯云极是疑惑,这是西湖边,就在钱塘门外头,又不是什么深山老林,哪来的老虎,莫不是老二又做了新行头,以假乱真,把这几个没出息的吓傻了?

司机喊冤:"我的爷,真的假的难道我还分不出来。二爷那成日里唱戏,扮上的老虎我见过十七八次。这回可是真的,那腥味儿我都闻着了。"说着把徐贯云带到二楼露台上,朝隔壁摹烟别墅的园子里一指:"大爷你看,那不是?"

还没有到露台,就听到楼下一声虎吼,真真切切的,但徐贯云还是不信。父亲在世时,曾带着他们兄弟两个买了一套德国产的电影放映机,在自家园子里放起电影来,活灵活现。这套设施原是吃喝玩乐用的,这些都归二弟管,现正在摹烟别墅里呢。指不定二弟又在放电影,倒教几个不开眼的当真了。二弟也真是的,大白天的,放什么电影,哪里看得清。

上了露台,往下一看,什么!一只真正的吊睛白额老虎,正在二弟的花园里蹲着,仰着头,瞪着眼,虎视眈眈地看着这边的二楼。徐贯云一时有些糊涂,不知自己身在何处,一人一虎对视良久,那虎一声长啸,徐贯云重重一声冷哼。

一声哼,倒把二爷徐凌云引了出来,在园子里仰头看着脸色铁青的大哥:"大哥,这老虎是拴着的,不会跑出来,你别怕。"说着站得远远的,一指那条手腕粗的铁链,再指一指老虎的颈间,果然牢牢拴着一条链子。

那虎可能被链子磨得难受，坐立不定，再三挣扎，团团转做困兽之斗。摹烟别墅花园子里那大片绿草地和精心种植的花草，被踩得一塌糊涂，再加上那虎身上天然的膻臊气，简直惨不忍睹。

徐贯云下楼，气得什么似的。这个二弟向来花样百出，那是玩乐的班头，花钱的祖宗，一天一出，再没有重样的。什么东西到了他的手里，就能玩出花来，玩到极致，不知道的，还以为他是靠这些吃饭的。

徐凌云喜欢动物，猫猫狗狗养了一大堆，这也罢了，反正地方大，大家有个逗乐的挺好。摹烟别墅养了许多锦鲤，这也罢了，倚栏观鱼，本就是风雅事。他还在别墅里养过黑山羊，后来被他那班朋友烤了，这也罢了。还养过野鸡，说是唱戏要练眼，野鸡毛好看，养眼，飞腾起来的时候又能练眼神，之后飞到隔壁黄家，被做成红焖鸡丁吃了，这也罢了。林林总总养过一大堆，杭州人说起摹烟别墅总是笑，说那个动物园都不如这儿热闹。

今日可好，索性拉来一只老虎。徐贯云很是不快，在饭桌上埋怨太太："二弟胡闹，你也不管管。"他生意繁忙，从无时间关注家事，两房内事都是由太太打理。徐大太太今日其实也吃惊不小，刚刚才定下神，这会儿强自为小叔子辩解："其实你刚才没细看。那是只小老虎，猫似的。"站在边上添饭加茶的仆妇没忍住，插了句嘴："这哪是猫呢，血盆大口的，明明就是伤人的虎。"大太太眼风横扫，吓得仆妇赶紧住了嘴，徐大爷气笑了："好好，你这个当大嫂的胆色过人，把虎当成猫，以后这猫就归你喂了。二弟能出息成这样，全靠你长嫂如母，宠着惯着，我看以后我们家就改开马戏园算了，又有唱的，又有演的，还有动物。"

大太太自知理亏，面有惭色："说什么呢。二弟那是票友下海，他唱得可好了，那俞老板还跟他学呢。"大爷叹气："唱戏我不管，造园子我也不管，谁叫他喜欢呢。但这养老虎，不行！"大太太连忙点头："明天我就去跟二弟说，叫他送走。你也别生气，二弟的喜好和公公当年一样，我们家又不是养不起，由他玩呗。"

正说着，门房来报，说隔壁九芝小筑黄家来访。大爷一听："得，必是为这老虎来的。"也是，好好地在西湖边别业里养只老虎，邻居不来才怪。

黄家老爷黄楚九原是做医药行的，龙虎人丹就是他家的出品。后来又去做游艺业，上海第一个屋顶花园、"新世界"、"大世界"游乐场都是他开的。徐家是做丝茧洋行买卖的，两家井水不犯河水，一直相处友好。黄楚九很是谦虚，称自己的西湖别业为小筑，其实那是三幢房子，共有九景，每一处皆以"芝"命名，暗合主人名字，是一处美轮美奂的别墅，黄楚九很是喜爱，常常带着家人在此流连。

徐家兄弟的两幢别墅在九芝小筑的旁边，是两幢西式洋房。徐家是大爷负责赚钱，二爷负责花钱，因此两处别墅都由徐凌云负责选址、建造，名字也是他取的。徐凌云将自己这处取名为摹烟别墅，因为他自号摹烟。又将大哥这处取名为秾荫草堂，至于为什么，徐大爷懒得问，可能是因为古木环绕、浓荫匝地。

徐氏兄弟的父亲徐棣山是个妙人，不但赚钱能力一流，更是个翩翩佳公子。他出身海宁徐家，世受书香，生意做得极大，然而情趣一道，更为精通。徐棣山家资巨富，产业无数，支持得起他种种花销。再加上他是做洋行买办的，得西洋风气之先，因此建园子、植花卉、

摹烟别墅

养动物、放电影、唱大戏、办游园会……不但中国传统文人的意趣样样精通，更开时尚先锋。因此徐家的交际与别家不同，自家建的各处风雅园子，园子里玩的节目，不但自娱悦己，更吸引了无数人，成为雅集之所。按现在的话来说，徐棣山建了不少私人会所，提供了很多或传统或时尚的娱乐方式，大家趋之若鹜，大大扩大并巩固了交际圈。

徐家二兄弟极为友爱，因母亲早逝，长嫂更是恪尽母职，对小叔子极为关照。徐家长子较为严肃，是做生意的一把好手，全盘继承了父亲的生意且发扬风大。次子却是个典型的小儿子，从小对父亲那些风花雪月的本事更感兴趣，徐棣山也因材施教，将自己一身本事传授给了徐凌云。因着徐凌云酷爱唱戏，还请了不少名角来教导他。

父亲过世之后，兄弟俩配合默契，徐家仍保留了原有的风格，是出了名的会玩，玩得精，玩得专，玩得新，是朋友们聚会的首选之地。

徐凌云受父亲教导，于建园一道，极有心得，这两处别墅都别致玲珑，甚有情趣。徐凌云自己那处常常接待朋友们，又在临湖处额外修了一个精致的小园子，那只小老虎，现在正关在里头踢石头啃花木呢。

仆人引了客人进来，是黄楚九本人亲至，满脸堆笑："徐大爷可好？"徐贯云脸上有些挂不住："惊扰黄爷了。我今天下午才到杭州，方知二弟胡闹，明日我就让他送走。"幸好摹烟别墅并不紧挨着九芝小筑，中间还隔着个秋荫草堂，否则真没法子交代了。

黄楚九是个场面人，笑嘻嘻地半点不恼："上回那野鸡丁子味道挺不错。"徐贯云大惭，一时不知接什么话好，只得反复说："明儿我就让二弟把这东西送走。实在对不住了。"黄楚九笑眯眯问："徐大爷想送到哪儿去呢？""这……"徐贯云一下被问住了，实在是二弟花样太多，他防不胜防。看着黄楚九那双和和气气的细眯眼，徐贯云忽然反应过来，人家这不就是开游乐场的吗，想必有马戏驯兽什么的，老虎什么的还不是手到擒来。这一想正如醍醐灌顶，徐贯云赶紧站起来拱手："黄爷见过的世面多，能否提点一二？"黄楚九一乐："若是令昆仲处置不了，老朽愿尽些微薄之力。"

话说到这儿，就算讲明白了。两人又扯了些闲话，黄楚九说起家里要办堂会，还要请徐凌云帮忙请些角儿、做些布置。徐贯云赶紧替弟弟答应了："好说好说。明儿就让他去贵府张罗，也算是赔个罪。"

当天晚上，徐大爷和大太太都没睡好，总听见老虎吼，还有阵阵腥气随风飘来，实在受罪不过。第二天一早，两人顶着大黑眼圈早早起床了，连对着小叔子一向不肯说个"不"字的大太太也说："小二这次闹过头了。"

没滋没味地吃完早饭，徐大爷就在众人期盼的眼神中去了二弟那边。一进门，就被膻味冲了个跟头，没想到一只老虎竟能发出这么大的味道。一见大哥来了，蔫头耷脑的二弟一家赶紧站起来相迎，尤其是弟媳，满脸写着"救星来了"。徐贯云扫了一眼，没看到弟弟，遂拿出大哥的款来，从鼻子里"嗯"了一声："二弟呢？"弟媳赶紧报告："文杰他上园子里练功去了。"

徐凌云向来拿演戏当正经事做，从小父亲看他喜欢，也着意培养。曾师从殷桂深、严连生习曲，又跟从周凤林、邱凤翔、沈月泉、沈斌泉、沈锡卿等学戏。他不是科班出身，并不靠这吃饭，不必拘泥门户，对宁波、永嘉、金华、北方诸昆剧，甚至京剧、滩簧、绍兴大班等都有过悉心的研究，博采众长，形成了自己的风格。

打小儿下海，十八岁就登台，生、旦、净、末、丑各行兼演，"文武昆乱不挡"，嗓子先天条件虽不怎么样，但胜在别人一格，大家伙儿捧场，说昆剧界有"俞家唱，徐家做"，意思是徐凌云的做功无人能及。

曲不离口，拳不离手，徐凌云从小练功，一日不断，寒暑不辍，这是铁定了的。平日里，徐凌云便在园子里练嗓，琢磨身段。那真是一种享受，湖光山色，空气新鲜，花香鸟鸣，一吐一纳都是清气。不过今日，徐贯云倒要看看他这二弟怎么练。

越往园子里走，那股膻气越重，弟媳本来带着两个孩子跟着，这会儿也掩着鼻子先跑了。到了园子里，只见徐凌云一个人，离老虎远远地，蹲在地上和老虎面面相觑,身边一个侍候的人都没有。

今日定下神来,这才发现这只老虎果然未曾长足,半大不小的,毛色颇为特别,有点儿白老虎的味道,又不是全白,也不知道徐凌云是打哪儿弄来的。看见大哥来了,徐凌云赶紧站起来,讪讪地喊一声:"大哥早!"徐贯云背着手,屏着气,问:"你那两个儿子,见了这老虎可欢喜?"徐凌云不敢说谎:"刚送到时,都挺新奇的。过了一会儿就不喜欢了。"徐贯云又说:"昨晚隔壁黄爷来找过我了。"徐凌云心下不喜,随口问:"他来干吗?"徐贯云淡淡答道:"他说上回的野鸡丁子味道不错。"这下徐凌云一下睁大了眼睛:"他要吃我家老虎?这可不行。"见徐贯云不置可否,赶紧又说:"那黄楚九可不是什么善类,听说他为了争夺大世界的控制权,闹出了不少人命呢。"徐凌云负责家中的交际,自然消息灵通,只是徐贯云也不是吃素的:"既然知道,你还不懂得其中利害?"

徐凌云颇为丧气:"老虎多好玩啊!那时候爹爹说要养,到了也没养成。现在好不容易找了一只来,家里竟没一个赞成的。"徐贯云见他祭出过世的老爹来,倒也心软:"爹不养,是因为他自知不妥。既然已经玩过几天了,不如早点送走。"

兄弟俩商量了一会儿送到何处,徐贯云建议卖给黄楚九,徐凌云却不舍得:"他买去肯定是拔了牙,拿鞭子抽着送上台表演,这也未免太残忍了。"说到这里,忽然福至心灵:"大哥,说到拔牙,我们自己也可以拔呀!把它的牙给拔了,就伤不到人了,那就和只大猫似的,养着玩儿,还可以给它洗澡,这就不臭了。多好呀!""虎口拔牙?二弟,人家都是有专门的人做这事,你自己可怎么搞?看你现在,连近个身都不敢。"徐贯云觉得匪夷所思。"山人自有妙法。"徐凌云却很有把握。

当天上午,徐凌云就进杭州城里去了,很神秘的样子,让大家都等着,谁也不许趁他不在动他的老虎。事实上不必他说,谁也不会靠近那园子,人人都捂着鼻子。也没人等他,徐凌云一出门,大太太就说要进城去买些东西,夏天快到了,得准备换季,说着便叫上弟妇,一起儿出去了。徐贯云见大家都跑了,赶紧也打电话约了朋友,一起去灵隐喝茶。

等徐凌云带着人回来,整个宅子的主子都跑得一干二净,就只有些愁眉苦脸的仆人了:"二爷,到底怎么着啊?"徐凌云一伸手:"看,我带了医生回来,给咱们的小老虎拔牙!"他带了两个医生回来,一个是外科医生,动手术的,另一个是牙科医生,负责拔牙。这两个医生原是徐家的朋友,常常找他们看病的。徐凌云只说家里有人要动手术,要拔牙,不方便带到诊所,要求出诊,硬是把他们拉了来。

直到这会儿,医生才听说是给老虎拔牙,当即便要发作:"你当我们是兽医么?"徐凌云一把拉住:"小老虎特别可爱,真的。拔完了借你们玩。"连推带拉,把这俩人送进后园,一指那只神情暴躁的老虎:"就是这,可爱吧。"外科医生端详了老虎片刻:"文杰,你倒聪明,还知道要找人麻醉。得了,这儿不用我,我叫人送些麻药来,你自行处置吧。"说着转身便走了,开什么玩笑,我诊所里还等着若干人呢。

牙医本是徐凌云的好友,也是个好玩的性子,这会儿倒很有兴趣:"你能把它麻倒,我就能拔牙。但麻药要足,否则你是拿我性命开玩笑。"徐凌云满口答应:"那是自然。一会儿麻药送了来,我们再动手。现在先吃点心。"

那外科医生回到诊所拿了药，正要派人送去，却正好遇上徐家太太们路过诊所门口，他赶紧告诉："大太太，二太太，文杰在家要给老虎拔牙呢。你们还是回去看看，以免闹出什么乱子。"又拿出一大包麻药："这里是麻药，我已经按分量包好了，纸包外头写有用法的说明。你们先放一包，不够再放，按包上的顺序来，少了麻不翻，多了就醒不过来。"大太太木木地接过麻药，惊得目瞪口呆："给老虎拔牙？"医生素知徐家情况，当下只翻了个白眼："徐家二爷天马行空，天才绝艳。"二太太慌成一团，拉住医生连说："医生，求你再多说两遍这药的用法，刚才没听清。"医生很是耐心，又细细说了两遍，二太太拿纸都记了下来，再三让医生看过，没有错了，这才放医生走。

大太太这时已是心急火燎，生怕自己还没回去，麻药还没拿到，那个二弟就先动起手来，忙吩咐下人："你赶紧回去，告诉二爷，等我和二太太回去，用了麻药才能动手。千万把他看住了，万万不可鲁莽行事！"那下人也害怕，飞也似的去了。

徐家太太们风火轮般往家里赶，好不容易到了，却见徐凌云正和牙医在一块儿唱戏，敢情那牙医也是个戏迷，平时就喜欢唱两句。两位太太松了口气，只要讲到戏，徐凌云便什么都顾不得了，天大的事都能扔到脑后，早不记得老虎了。大太太一见大爷不在，又赶紧吩咐下人去找回来，坐镇的人不在，万一出了事怎么办。

好不容易等徐凌云过完了戏瘾，徐大爷也闻讯赶回来了，连黄家都得着了信儿，全家出动来看老虎拔牙。这几家紧挨着，仆人们走进走出，互通有无，没什么秘密可言。

黄楚九到底是开游乐场的，看过几次给老虎拔牙，有些经验，且又是开药店的，对药性比较熟悉，当下便撸撸袖子，自愿当起技术指导。在他的指挥下，徐家的仆人拿来几块鲜猪肉，黄爷不满意："得要牛肉，要血淋淋的最好。"徐家一阵乱，半刻钟后厨子来报："今儿没买牛排。"黄爷便吩咐自己的随从："从我们家拿几块牛肉来，要生的，带血的。"没一刻，牛肉拿到，两大块，很新鲜，冒着血气。徐贯云自觉没有面子，连连抱拳："太不好意思了，改明儿我家请客，一起去吃法餐。"

黄爷挥挥手："嘿，这算个什么，小意思。以后这老虎也让我孙子玩玩就行。"他又指挥着把药洒在牛肉上，等化了，又拿树枝子一阵戳，让药汁全渗进牛肉里。等做完了全套，把肉往老虎跟前一扔："这药是德国进口的，还真高级，比牛肉贵多了。"老虎半日没人理睬，已经饿得狠了，看到肉便吃，片刻两大块下肚。

大家眼睁睁看着，见老虎全吃完了，还在踱步，大太太便急了："这是不够的意思？不够再给喂点儿。"黄爷解释："药性发作得过会儿，我这儿掐着表呢。"说着拿出一只怀表，大家都伸长了脖子等着。

徐贯云又给牙医作揖："蒋兄，得罪了。一会儿你千万注意安全，若有不对万万不可勉强。"牙医却兴致勃勃，很是好奇："此事甚是有趣。徐兄可以编一出新戏，就叫《虎口拔牙》，亲自扮老虎，兄弟我还是牙医。"徐凌云大喜："此戏用黄梅调为佳，诙谐轻快。"两人一搭一唱，惹来大太太一声喝："蒋医生请喝茶！"两人这才消停。

过了一刻钟，老虎果然开始晕晕乎乎，步态不稳。

又过了一会儿，只见老虎颓然倒地，先还四足乱动，过了一阵后，慢慢停歇，最后完全一动不动了。黄爷大喜："好了！"保险起见，众人拿来长棍子，对着老虎一阵乱戳，老虎一动不动，全无反应，想来是麻倒无疑了。

黄爷又指挥众人将老虎的四足完全绑住，又拿来事先卸下的门板，将老虎整个绑在上面。反复审视，万无一失后，才让蒋医生上阵："蒋兄，看你手艺了。"

牙医早就跃跃欲试，准备好了钳子、榔头等一众工具，当即上前。两个健仆掰开老虎的大嘴，蒋医生探头一望，险些被熏个跟头："文杰，你家老虎不刷牙，口臭甚重。"

这只老虎共有三十颗牙，牙医本想琢磨一下怎么个拔法，黄爷却怕麻药过时，在边上说："全拔了便是。"大家纷纷附和。没想到老虎的牙倒也并不难拔，牙医手起牙落，一会儿全都拔光了。徐凌云早命人取了云南白药来，给老虎口中止血。黄爷见了直摇头："徐二爷啊，你可真有钱，拿白药给老虎用。"

上好了药，又给老虎松了绑，便放着由它自己慢慢醒来。大太太捂着鼻子提议："不如趁这时候给它洗个澡。"这个提议引来了众人一致附和，园丁赶紧拎了井水来，仆妇又拿来几块香皂，黄爷看了免不了又是一阵摇头。

牙医不肯要酬劳，只讨了那三十颗牙齿去，说要放在诊所里给大家见识见识。后来这几颗牙极为出名，大家见了便会说，这是徐家那只老虎的。说起蒋医生，便是那个给徐家老虎拔牙的医生。只可惜徐凌云创作能力还是不足，并没有写出一折黄梅戏《虎口拔牙》。

老虎香喷喷地醒过来后,并不知道发生了什么。徐凌云吩咐厨房给它上了一大盆肉末豆腐,老虎吃得甚是香甜。过了一段时间,和人熟了,老虎脖子上的铁链也解了,这只老虎真和大猫一样,在徐家四处散步,谁见了都能去撸一撸。天气热了,它便跳进西湖里,吓得水蛇都四散奔逃。

客人们起先难免有点害怕,后来看并无危险,也渐渐放心。大太太招人来打麻将时,非要老虎在边上不可,说是手气旺,累了还能靠一靠。三处房子的小孩子们都爱极了老虎,带着它四处溜达。

经过各种朋友的宣传,徐家的老虎成了明星,朋友们纷纷前来参观。徐凌云好客,招待朋友,本是徐家一绝,篸烟别墅于是天天举办花会、诗会、堂会、琴会、曲会……花样百出,不一而足。

朋友中不乏昆曲票友,徐凌云便一意研究起昆曲艺术来。沈斌泉、沈月泉、周凤林等前辈名家来了,俞粟庐、穆藕初等同辈艺友也来了,"篸烟别墅"无意中成了昆曲票友的雅集之所。

当时昆曲界有"北溥南徐"之称,"北溥"指溥西园,其号为"红豆馆主","南徐"便是徐凌云。他上得台来,生旦净丑,无所不能。在《小宴》中饰王司徒,与俞振飞饰的吕温侯一动一静,相得益彰;又擅长工架繁重的《安天会》《闹天宫》等剧,演孙猴子跌扑腾翻,令人叫绝;饰丑角则极尽姿态。等闲的角儿大多穷苦出身,没有文化,学戏全靠口口相传,会二三十出戏便相当不错了。徐凌云却是世家公子出身,文化功底扎实,他博采众长,又见识广博,会一百来出戏,真正了不起。

后来，京剧流行，昆曲的听众越来越少。等到了"传字辈"时，靠唱戏已经卖不上票，吃不上饭了。正当大家准备卷铺盖回家的当儿，徐凌云将他们请进了摹烟别墅，权作实习演出。徐家二爷不但不收房钱，还出钱搭了个戏台，雇了一名账房先生帮他们卖戏票，总算将"传字辈"——这个当年全国唯一的行当齐全、水平一流的昆曲班子保存了下来。徐凌云还灌制了不少昆曲的唱片，将老唱腔保留了下来。世家子玩票也是这般认真，做到极致，便是名家。

摹烟别墅里的无牙老虎听惯了丝竹，是昆曲最踏实的听众。每次演出，它都静静地趴着听，直到岁数儿到了，寿终正寝。

参考文献

1. 〔清〕龚嘉俊修，李榕纂：《杭州府志》，成文出版社，民国十一年（1922）。
2. 陈珲：《南宋西湖全景考——〈西湖繁胜全景图〉解读》，中国建筑工业出版社，2021年。
3. 马时雍：《杭州的古建筑》，杭州出版社，2001年。
4. 刘师健：《南宋士人的生存境遇与笔记的文学性》，社会科学文献出版社，2021年。
5. 武清旸：《南宋士人笔记中的宋代道士形象研究》，巴蜀书社，2021年。
6. 仲向平：《西湖名人故居》，杭州出版社，2000年。
7. 杭州市上城区地方志编委会：《杭州市上城区志》，方志出版社，2015年。
8. 施奠东：《西湖志》，上海古籍出版社，1995年。

丛书编辑部

艾晓静　包可汗　安蓉泉　李方存　杨海燕
肖华燕　吴云倩　何晓原　余潇艨　张美虎
陈　波　陈炯磊　尚佐文　周小忠　胡征宇
姜青青　钱登科　郭泰鸿　陶文杰　潘韶京
（按姓氏笔画排序）

特别鸣谢

曹晓波　方龙龙　陶水木（系列专家组）
魏皓奔　赵一新　孙玉卿（综合专家组）
夏　烈　李杭春（文艺评论家审读组）

图片作者

于广明　仲向平　邬大江　孙奕鸣　周兔英
胡　展（按姓氏笔画排序）